알베르트 슈바이처
나의 어린 시절

알베르트 슈바이처
나의 어린 시절

알베르트 슈바이처 지음 | 권혁준 옮김

정원

Aus meiner Kindheit und Jugendzeit
by Albert Schweitzer

Copyrights ⓒ Verlag C. H. Beck oHG, Munchen 1991
All rights reserved
Korean Translation Copyright ⓒ Chung Won publishing Co. 2006
Korean Translation Edition Published by arrangement with Verlag C. H. Beck
through PubHub Literary Agency.

이 책의 한국어판 저작권은 PubHub 에이전시를 통한 저작권자와의 독점 계약에 의하여
정원출판사에 있습니다. 저작권법에 의해 한국 내에서 보호를 받는
저작물이므로 무단전재와 무단복제를 금합니다.

나의 어린 시절

나는 1875년 1월 14일 알자스 지방[1]의 고高지대에 있는 소도시 카이저스베르크에서 태어났습니다. 제가 태어난 집은 이 소도시를 벗어나는 위쪽 거리의 왼쪽에 자리잡은 자그마한 첨탑이 있는 집이었습니다. 아버지는 가톨릭 신자들이 대부분인 이 지역에서 작은 개신교회의 대리목사이자 교사의 자격으로 이 집에 살았습니다. 그런데 1차 세계대전이 끝나고 알자스 지방이 프랑스령이 되자, 아버지가 담당하던 이 작은 교구는 프랑스에 편입되었고, 첨탑이 있는 이 집은 현재 지방경찰서가 들어섰습니다. 나는 우리 집의 둘째로 태어났으며, 위로는 한 살 많은 누이가 있었습니다.

스트라스부르의 대성당에서 명성을 떨쳤던 중세의 유명한 설교가

---

[1] 알자스 지방은 독일과 프랑스의 국경에 위치한 지역으로 역사적으로 프랑스와 독일이 번갈아 지배했으며 현재는 프랑스에 속해 있다. 이 지방의 중심 도시는 스트라스부르이며, 스트라스부르를 중심으로 하는 알자스 저지대와 콜마르를 중심으로 하는 알자스 고지대로 나뉜다.

가일러 폰 카이저스베르크(Geiler von Kaysersberg: 1445-1510)의 이름은 바로 내가 태어난 도시의 이름에서 온 것입니다. 이 유명한 설교가는 원래 스위스의 샤프하우젠 지방에서 태어났지만, 아버지가 돌아가시자 카이저스베르크에 있는 할아버지 집에서 성장했던 것입니다. 내가 태어났던 1875년은 최상급의 포도주를 만들 수 있는 양질의 포도가 수확된 해이기도 합니다. 나는 어린 시절 가일러 폰 카이저스베르크라는 유명한 설교가를 배출한 도시에서, 그것도 최상급의 포도가 수확된 해에 태어난 것에 대해 대단한 자부심을 가졌습니다.

내가 태어나고 반 년 정도가 지나 아버지는 산간지역 뮌스터탈에 있는 작은 마을 귄스바흐로 이주했습니다. 나의 어머니는 바로 이 뮌스터탈 출신입니다. 어머니는 계곡의 안쪽에 위치한 뮐바흐라는 마을에서 목회를 하셨던 쉴링거 목사의 딸이었습니다.

우리 가족이 귄스바흐로 이사했을 당시 나는 아주 병약한 아이였습니다. 아버지가 마을 교회의 목사로 취임하던 날, 어머니는 나에게 고운 빛깔의 리본이 달린 흰색 정장을 입히는 등 단장에 정성을 다하셨습니다. 하지만 취임식 연회에 왔던 인근의 목사 부인들 중 어느 누구도 창백한 얼굴에 야윈 몰골을 한 아이를 보고 차마 칭찬하지는 못했습니다. 모두들 당혹해 하면서 적당한 말로 둘러댈 궁리만 했습니다. 어머니는 서러움을 참지 못하여 나를 데리고 침실로 도망가서는 나를 품에 안고 하염없이 눈물을 흘렸다고, 자주 그때의 이야기를 해주셨습니다. 언젠가는 사람들이 혹시 내가 죽은 것이 아닌가 생각했을 정도였습니다. 그런데 이웃인 레오폴트 가족이 키우던 젖소의 우유와 귄스바흐 지방의 신선한 공기가 내게 기적을 일으켰습니다. 나는 두 돌이 지나면서부터는 건강을 회복하여 튼튼한 아이로 자라났습니다. 나는 세 명의 누이 그리고 한 명의 남동생과 더불어 귄스바흐 마을의 목사관에 살면서 아름다운 어린 시절을 보냈습니다. 막내 여동생 엠마가 여섯 번째 아이로 태어났지만, 이 아이는 태어난 지 얼마 되지 않아 죽고 말았습니다.

아주 어렸을 때의 일로 생생하게 남아있는 나의 첫 기억은 악마에 관한 것입니다. 나는 서너 살 때부터 벌써 매주일마다 교회에 따라갈 수 있었습니다. 나는 일주일 내내 주일예배를 손꼽아 기다렸습니다. 내가 예배 시간에 하품을 하거나 너무 큰 소리로 찬송가를 따라부르면, 나를 돌보던 우리 집의 하녀가 면사 장갑을 낀 손으로 내 입을 막곤 했었는데, 지금도 그 감촉이 기억납니다. 그런데 매주일 예배 때마다 오르간 위쪽을 쳐다보면 번쩍거리는 테두리 안쪽에 털복숭이의 얼굴 하나가 어른거리며 나타나서는 교회 아래쪽을 내려다 보는 것이었습니다. 그 얼굴은 오르간이 연주되고 찬송가를 부를 때에 나타났고, 아버지가 제단에서 기도를 하는 동안에는 사라졌다가, 찬송

누이와 동생들과 함께 (다섯 살 때)

과 오르간 연주가 다시 시작되면 또 다시 나타나곤 하였습니다. 나는 어린 생각에 "저건 교회를 들여다 보는 악마야"라고 스스로에게 말하면서, "아버지가 하느님의 말씀을 설교하기 시작하면 저 악마도 도망치지 않을 수 없는 거야"라고 생각했습니다. 주일마다 겪었던 이러한 이상한 신학적 체험은 어린 시절에 내가 가졌던 경건함에 결정적인 영향을 주었습니다. 나는 학교에 들어가고 나서 한참 후에야 예배 때마다 이상하게 나타났다가 사라지는 털복숭이 얼굴의 주인공이 바로 오르간 연주자인 일티스 신부님이라는 것을 알게 되었습니다. 일티스 신부님은 목사가 언제 제단이나 설교단에 오르는지 오르간 연주자가 볼 수 있도록 오르간 위쪽에 거울을 붙여 놓았는데, 나는 거울에 비친 연주자의 얼굴을 악마로 착각했던 것입니다.

또 한 가지 기억나는 것은 아주 어린 시절에 처음으로 양심에 깊은 수치심을 느꼈던 일입니다. 하루는 아버지가 정원에 있는 벌통을 손질하는 동안, 나는 하의만을 걸친 채 뒷뜰에 있는 작은 의자에 앉아 있었습니다. 그런데 예쁘장한 곤충 한 마리가 내 손등에 내려앉았고, 나는 처음에는 그 작은 곤충이 손등에서 기어다니는 것이 마냥 즐거웠습니다. 그러다가 나는 갑자기 소리를 마구 질러댔습니다. 그 곤충은 바로 꿀벌이었는데, 목사가 벌통에서 꿀이 가득한 벌집을 꺼내가는 것에 화가 나서 목사의 아들에게 분풀이를 한 것이었습니다. 내가

나의 어린 시절 9

질러대는 소리를 듣고 온 집안 사람들이 모여들었으며, 모두가 나를 가엾게 여겼습니다. 하녀는 나를 팔에 안고 내 볼에 입을 맞추면서 나를 달랬습니다. 어머니는 아버지에게 먼저 나를 안전한 곳에 데려다 놓지 않고 벌통을 건드렸다고 원망을 늘어놓았습니다. 이 일로 온통 사람들의 관심을 끌게 되자, 나는 벌에게 쏘였던 곳이 더는 아프지 않은데도 계속 눈물을 흘리며 울어댔습니다. 내 양심은 이제 그만 그치라고 말했습니다. 하지만 사람들의 관심을 계속 끌기 위해 나는 신음 소리를 냈고 더 이상 필요하지도 않은 위로를 계속 받았습니다. 하지만 이런 자신에 대해 심한 수치심이 느껴지면서 여러 날 동안 마음이 불편했습니다. 이 체험은 내가 나중에 어른이 되었을 때 내게 일어난 일을 대단한 것인 양 과시하고픈 유혹에 빠지지 않게 해주는 소중한 가르침이 되었습니다.

 어린 시절 나에게 잔뜩 겁을 먹게 만든 사람으로 교회 집사이자 공동묘지 관리인이었던 예글레 아저씨가 있습니다. 아저씨는 일요일 아침이면 예배 때 부를 찬송가와 세례식에 쓰는 기구를 가져가기 위해 초인종을 누른 후 목사관으로 와서는, 나의 이마를 슬며시 만지며 "뿔이 자라고 있구나"라고 말했습니다. 뿔이 자라고 있다는 아저씨의 말에 나는 잔뜩 겁을 집어먹었습니다. 내 이마에는 상당히 튀어나온 혹이 있었는데, 언젠가 성경책에서 이마에 뿔이 나 있는 모세의 그림^{2}을 본 후로 이마의 혹은 나에게 큰 걱정거리였습니다. 그런데 집사 아저씨가 어떻게 내 근심거리를 알아냈는지는 지금도 수수께끼입니다. 하지만 아저씨는 나의 이런 근심을 알고 있었고, 나로 하여금 더 겁을 먹게 만들었습니다. 아저씨가 초인종을 누르기 전 문 앞에서 신발을 털 때면, 나는 어디론가 도망치고 싶었습니다. 그러나 뱀 앞의 토끼처럼 나는 아저씨 앞에서 꼼짝할 수 없었습니다. 나는 아저씨와 마주쳐야 했고, 아저씨가 손을 내 이마에 대면서 내뱉는 끔찍한 말을 들어야 했습니다. 나는 일 년 동안 잔뜩 겁에 질려 지내다가, 어느 날 아버지에게 모세의 뿔에 관한 이야기를 했는데, 아버지는 사람 중에서는 유일하게 모세만 뿔이 났다는 것이었습니다. 이제 더는 겁을 먹을 필요가 없었습니다.

집사 아저씨는 내가 그의 마수에서 벗어나자, 새로운 묘안을 짜냈습니다. 아저씨는 이번에는 군인이 되는 것에 대해 말했습니다. "이제 우리는 프로이센 국민이 되었고, 프로이센 남자라면 누구나 군대에 가야 하지. 그런데 군인들은 쇠로 만든 옷을 입고 다닌단다. 너도 이제 몇 년 후에는 저 건너 대장장이에게 가서 쇠로 만든 옷을 맞춰야

---

2 미켈란젤로가 그린 모세 상에는 머리에 뿔이 그려져 있는데, 이는 십계명을 받아 산을 내려오는 모세의 얼굴에 '광채'가 났다는 출애굽기 34장의 문장을 라틴어로 번역하는 과정에서 모세의 이마에 '뿔'이 났다는 의미로 잘못 옮긴 데서 비롯되었다.

할 걸." 이 말을 들은 나는 틈만 나면 대장간 앞으로 달려가 정말 쇠로 만든 옷을 맞추러 오는 군인이 있는지 살펴보았습니다. 그런데 대장간에는 언제나 발굽에 징을 박기 위해 끌려온 말과 노새들뿐이었습니다. 나중에 나는 어머니와 함께 흉갑을 착용한 한 기병의 그림을 보게 되었는데, 어머니에게 왜 군인들이 쇠로 만든 옷을 입고 다니는지 물어보았습니다. 나는 어머니로부터 보통의 군인들은 천으로 만든 군복을 입으며, 나도 이러한 군인이 될 것이라는 답변을 듣고는 안심하게 되었습니다.

집사 아저씨는 크림전쟁[3]에 참전했던 노병으로 싱거운 농담도 잘했는데, 당시 귄스바흐에 꽤 많았던 싱거운 농담을 즐기는 사람들 가운데 하나였습니다. 아저씨는 내가 농담을 이해할 줄 아는 사람으로 자라나기를 바라셨던 것입니다. 하지만 아저씨는 조금은 강도 높게 나를 훈육하셨습니다.

아저씨는 교회 집사로서 그리고 공동묘지 관리인으로서 아주 위엄을 갖춘 분이었습니다. 아저씨는 교회에서 걸어다니실 때는 위풍당당한 모습이셨습니다. 하지만 한편으로는 좀 별난 성품을 갖고 있기도 했습니다. 하루는 아저씨가 아침에 건초 창고에서 갈쿠리를 들고

---

[3] 1853-56년에 남으로 팽창정책을 펼치던 러시아와 오스만투르크, 영국, 프랑스, 프로이센, 사르데냐 연합군이 크림반도와 흑해를 둘러싸고 벌였던 전쟁.

막 들판으로 나서려던 참이었는데, 어떤 초면의 남자가 찾아와 부친상을 당했다며 무덤을 하나 준비해줄 것을 부탁했습니다. 아저씨는 이 낯선 남자를 보고는 "나 참 이제는 생판 모르는 사람도 아무나 찾아와서 아버지가 죽었다며 무덤을 파달라고 하니" 하고 투덜거리셨다고 합니다. 한번은 늦은 여름날 어느 일요일 저녁에 우리 가족이 아저씨의 집 앞을 지나가고 있었는데, 아저씨가 눈물을 글썽이면서 아버지에게 다가와 자기의 어린 송아지 이야기를 털어놓았습니다. 아저씨는 마치 강아지처럼 자기를 따르는 귀여운 송아지를 한 마리 키우고 있었습니다. 초여름이 되자 아저씨는 송아지를 언덕에 풀어놓고는, 일요일마다 송아지를 찾아갔습니다. 그런데 송아지는 아저씨를 다시 알아보지 못했습니다. 송아지 눈에는 아저씨나 다른 사람이나 별 차이가 없었던 모양입니다. 아저씨는 감사할 줄 모르는 송아지로 인해 마음이 크게 상했습니다. 아저씨는 결국 송아지를 더 이상 외양간에 들이지 않고, 곧 팔아버렸습니다.

나는 학교에 들어가는 것이 별로 기쁘지 않았습니다. 10월 어느 화창한 날, 아버지는 처음으로 내 겨드랑이에 자그마한 필기용 칠판을 끼워주고는 여선생님에게 나를 데려갔는데, 나는 학교에 가는 내내 울었습니다. 공상에 젖으며 마음껏 자유를 누릴 수 있는 시절이 다 지나

어린 시절을 보낸 귄스바흐

갔다고 어렴풋이 느꼈습니다.

　나는 훗날에도 새로운 것이 주는 아름다운 겉모습에 결코 현혹되지 않는 이러한 예감을 갖고 있었습니다. 나는 미지의 세계에 들어설 때마다 어떤 환상도 갖지 않았습니다.

　학교에서 가장 인상 깊었던 일은, 장학사님이 학교를 처음 방문한 사건이었습니다. 여선생님은 긴장하여 손을 떨면서 장학사에게 학급일지를 건네주고, 평소에는 아주 엄격한 모습을 보이셨던 일티스 신부님이 만면에 계속 미소를 머금으면서 허리를 굽혔기 때문만은 아니었습니다. 나를 정말 흥분시켰던 것은 생전 처음으로 책을 쓰신 분을 눈으로 직접 보게 되었다는 사실이었습니다. 슈타이너트라는 이름은 중급과정의 노란색 독본과 고급과정의 초록색 독본의 표지에 적혀있는 바로 그 이름이었습니다. 그런데 내가 성경책 다음으로 읽었던 이 두 독본의 저자를 내 눈으로 직접 보게 된 것이었습니다. 그는 풍채가 그리 좋은 편은 아니었습니다. 작은 체구에 대머리였고, 붉은 코에 배가 앞으로 불룩 나왔는데, 회색 양복에 파묻힌 듯한 모습이었습니다. 하지만 내 눈에 그는 광채로 둘러싸여 있었는데, 이는 그가 바로 독본을 쓴 분이었기 때문이었습니다. 나로서는 선생님들이 보통 사람과 이야기를 하듯이 그분과 대화를 나누는 것이 잘 이해되지 않았습니다.

이렇게 처음으로 책을 쓴 사람과 만나는 체험을 한 나는 얼마 지나지 않아 더욱 중요한 체험을 하게 되었습니다. 이웃 마을에 가축과 땅을 거래하는 '마우세'[4]라고 불리는 유대인이 한 명 살았는데, 그는 가끔 나귀가 끄는 수레를 몰고 귄스바흐 마을을 지나갔습니다. 당시 우리 동네에는 유대인이 한 명도 살고 있지 않았으므로 유대인이 지나가는 것은 마을 아이들에게는 하나의 사건이었습니다. 아이들은 그를 뒤쫓아가면서 놀려댔습니다. 나는 사실 왜 그렇게 해야 하는지 알지 못했지만, 이제는 나도 제법 큰 아이라는 것을 과시하고 싶은 마음에 다른 아이들을 따라하지 않을 수 없었습니다. 나는 다른 아이들과 함께 유대인과 나귀의 뒤를 쫓아가면서 "마우세, 마우세!" 하고 소리쳤습니다. 담력이 센 아이들은 상의나 하의 귀퉁이를 돼지 귀 모양으로 접고는 그에게 가까이 달려들기도 했습니다. 우리는 마을 입구에서부터 다리가 있는 곳까지 따라가면서 이런 식으로 그를 괴롭혔습니다. 그러나 주근깨와 허연 수염이 난 얼굴의 그는 나귀와 함께 태연하게 발길을 옮겼습니다. 그는 가끔 뒤를 돌아보며 어찌할 바를 모르면서도 온화한 미소를 지어 보였습니다. 그의 미소는 나를 압도했습

---

[4] '마우세'라는 이름은 유대인을 경멸하여 부르는 '마우셸'에서 온 듯하며, '마우셸'은 '모세'를 의미하는 것으로 알려져 있다. 아이들이 옷을 돼지 귀 모양으로 접어 유대인을 놀린 것은 유대인들이 종교적 관습을 따라 돼지고기 먹는 것을 피했기 때문인 것으로 보인다.

니다. 나는 핍박을 받으면서도 잠잠하게 있는다는 것이 무엇을 의미하는지를 이 유대인으로부터 처음으로 배웠습니다. 그는 나의 위대한 스승이 되었습니다. 이후부터 나는 존경심을 갖고 그를 대했습니다. 나중에 김나지움[5]에 다니게 된 후로는 그에게 손을 내밀어 악수를 청하고 잠시 그와 함께 길을 걷기도 했습니다. 하지만 그는 자신이 내게 얼마나 소중한 사람이었는지 알지 못했습니다. 그가 고리대금업자요 다른 사람의 재산을 축내는 사람이라는 소문도 나돌았지만, 나는 그것을 확인해 볼 도리가 없었습니다. 그는 지금도 내가 분노를 보이고 벌컥 화를 내고 싶을 때에 인내심을 발휘하도록 해주는 용서의 미소를 가진 인물로 내게 남아 있습니다.

나는 싸움박질을 좋아하는 아이는 아니었습니다. 그러나 나는 친구들과 뒤엉켜 놀면서 힘겨루기를 하는 것은 좋아했습니다. 하루는 학교에서 돌아오는 길에 나보다 덩치도 크고 힘도 셌던, 지금은 고인이 되어 잠들어 있을, 게오르크 니첼름과 힘겨루기를 하였는데 내가 이겼습니다. 그런데 내 밑에 깔린 니첼름은 "그래, 나도 매주 두 번 너처럼 고깃국을 먹을 수 있다면 너만큼 힘이 셀 거야"라고 내뱉었습니

---

[5] 김나지움은 유럽의 인문계 중고등학교를 말한다. 보통 초등학교 4학년 과정을 마치면 실업학교로 진학하거나 김나지움(5학년에서 12/13학년)에 진학하게 된다.

반 친구들과 함께 (둘째 줄 가운데)

다. 나는 힘겨루기가 이런 식으로 끝난 것에 충격을 받고 비틀거리면서 집으로 돌아왔습니다. 게오르크 니첼름은 내가 어느 때부터인가 이미 눈치챘던 사실을 분명하게 말해 준 것이었습니다. 마을 아이들은 나를 자신들과 같은 부류로 여기지 않았습니다. 그들은 내가 목사의 아들, 도련님의 대접을 받으며 자신들보다 호사스런 생활을 한다고 여겼습니다. 나는 다른 아이들과 다르거나 나은 형편에 있는 것을 원치 않았으므로 마음이 아팠습니다. 고깃국은 나에게 역겨운 것이 되었습니다. 식탁에 고깃국이 오를 때마다 게오르크 니첼름이 했던 말이 들려왔습니다.

그후로 나는 다른 아이들과 다르게 보이지 않으려고 마음 졸이며 애를 썼습니다. 겨울이 다가오자 나는 아버지의 낡은 외투를 줄여 만든 외투 한 벌을 물려받게 되었습니다. 그런데 마을 아이들 중에는 외투를 입고 다니는 아이가 하나도 없었습니다. 재단사가 내게 외투를 입혀 보면서 "어이구, 알베르트, 벌써 신사가 다 됐구나"라고 말했을 때, 나는 속으로 눈물을 삼키며 이를 악물었습니다. 나는 주일이 되어 교회에 가면서 처음으로 그 외투를 입어야 했을 때, 외투를 입지 않겠다고 고집을 부렸습니다. 이로 인해 좋지 않은 소동이 벌어졌습니다. 아버지는 나의 뺨을 때렸습니다. 하지만 아무 소용이 없었습니다. 결국 가족들은 내가 외투를 입지 않은 채 교회에 가도록 내버려두어야 했습니다.

내가 외투를 입어야 할 때면 언제나 같은 일이 벌어졌습니다. 그 외투 때문에 정말 얼마나 많은 매를 맞아야 했던지! 그렇지만 나는 의연하게 버텼습니다.

같은 해 겨울에 어머니는 나를 데리고 스트라스부르에 있는 한 친척 어른을 방문하러 갔습니다. 이 기회에 어머니는 내게 새 모자를 하나 사주고자 했습니다. 고급 모자 가게에서 일하는 여점원은 내게 모자 몇 개를 씌워 보았습니다. 결국 어머니와 여점원은 예쁜 수병 모자가 내게 어울린다고 결정을 내리고는, 내가 바로 쓰고 갈 수 있도록 했습니다. 그런데 그들은 정작 모자를 쓰게 될 주인은 조금도 배려하지 않았습니다. 나는 도저히 그 모자를 쓸 수 없었습니다. 왜냐하면 마을 아이들 중에 수병 모자를 쓴 아이는 하나도 없었기 때문입니다. 나에게 이 수병 모자와 다른 몇 개의 모자 중에 하나를 선택하도록 재촉했을 때, 나는 가게에서 난리법석을 피웠습니다. 여점원은 나에게 "그래, 이 바보야, 도대체 어떤 모자를 원하는 거야?"라며 윽박질렀습니다. 나는 "이 가게에 있는 새로 유행하는 모자 말고 마을 아이들이 쓰고 다니는 그런 모자를 갖고 싶어요"라고 말했습니다. 결국 사람들은 여점원에게 잘 안 팔리는 물건 가운데서 밤색 모자 하나를 가져오게 했는데, 그것은 두 귀를 덮어쓸 수 있는 모자였습니다. 가여운 어머니는 정말 못 말리겠다고 혀를 차면서 얼간이 아들에게 한심하다는 눈초리를 보냈지만, 나는 신이 나서 머리에 모자를 썼습니다.

다른 한편으로 어머니가 나 때문에 도회지 사람들 앞에서 창피를 당했다고 생각하니 마음이 아팠습니다. 하지만 어머니는 뭔가 심상치 않은 이유가 있다고 예감하신듯 나를 혼내시지는 않았습니다.

이러한 힘겨운 싸움은 내가 마을 초등학교를 다니는 동안 계속되었고, 나뿐만 아니라 아버지도 힘들게 했습니다. 나는 겨울 장갑도 벙어리 장갑만 고집했는데, 이는 마을 아이 중 누구도 그와 다른 세련된 장갑을 끼고 다니지 않았기 때문이었습니다. 또 평일에는 세련된 가죽신 대신에 나무로 만든 신발을 신겠다고 고집했는데, 이는 마을 아이들도 주일날에만 가죽신을 신었기 때문이었습니다. 우리 집에 손님이 오는 날이면 갈등이 재연되었습니다. 왜냐하면 '신분에 맞게' 옷을 입어야만 했기 때문입니다. 나는 집 안에 머무는 동안에는 모든 것을 양보했습니다. 하지만 도련님으로서 정장을 하고 손님과 함께 산책이라도 나가야 할 때면, 다시 못 말리는 녀석이 되어 아버지의 화를 돋우었고, 용감한 영웅이 되어 따귀도 맞고 지하실에 갇히는 것도 마다하지 않았습니다. 그렇지만 부모님을 거역하는 것에 대해서는 참으로 마음이 아팠습니다. 하지만 나보다 한 살 위인 누이 루이제는 내가 하는 행동에 대해 이해심을 보여주어 내 마음에 위로

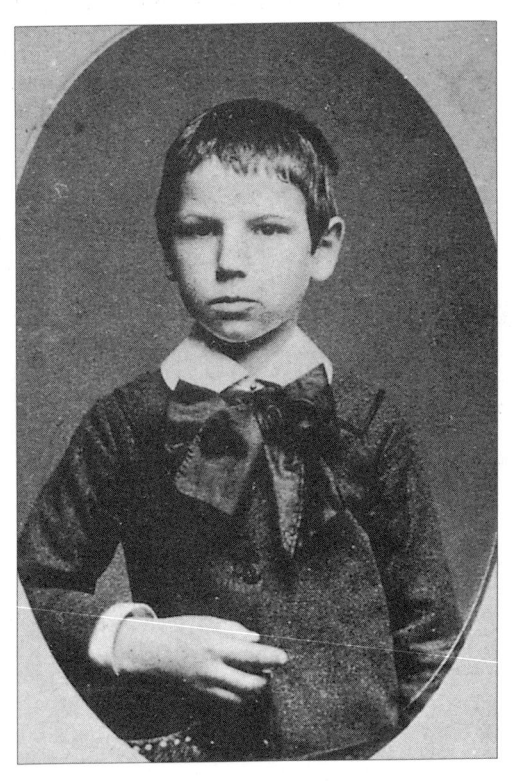

아홉살때

를 주었습니다.

　마을 아이들은 내가 그들과 똑같아지기 위해 감수해야 했던 어려움이 어떤 것이었는지 알지 못했습니다. 아이들은 자신들과 구별되지 않고자 애쓰는 나의 노력을 무심하게 받아들였고, 조금만 사이가 틀어져도 '도련님'이라는, 내게는 끔찍한 말을 서슴없이 내뱉어 나의 마음에 상처를 주었습니다.

나는 학교에 들어간 지 얼마 안 되어 삶이 우리에게 교훈을 주고자 준비해 놓은 힘든 시련을 하나 겪어야 했습니다. 그것은 한 친구의 배신이었습니다. 사건의 전말은 이렇습니다. 처음으로 '병신'이라는 단어를 들었을 때, 나는 그 말이 무슨 뜻인지 잘 몰랐습니다. 다만 특별히 불만을 표시할 때 쓰는 말이라고 생각했습니다. 마침 새로 오신 고구엘이라는 이름의 여선생님에 대해 아직 별다른 호감을 느끼지 못한 때였는데, 나는 여선생님을 생각하면서 이 비밀스러운 단어를 떠올렸습니다. 그래서 나는 가장 친한 급우와 함께 소먹이를 나갔을 때, 의미심장한 표정을 지으면서 나의 불만을 털어놓았습니다. "새로 온 여선생님은 병신이야, 하지만 누구한테도 말해서는 안 돼." 친구는 당연히 비밀을 누설하지 않겠다고 약속했습니다.

　그런데 얼마 후 학교에 가는 길에 친구와 말다툼이 벌어졌습니다.

친구는 계단을 올라가다가 나에게 다가와 귓속말로 속삭였습니다. "좋아, 그렇다면 네가 선생님을 병신이라고 한 것을 고자질할거야." 나는 친구가 설마 이런 식으로 나를 배신하지는 않을 것이라고 생각해 친구의 협박을 심각하게 여기지 않았습니다. 하지만 친구는 쉬는 시간에 정말 교탁으로 가서 선생님께 말했습니다. "선생님, 알베르트가요 선생님보고 병신이래요." 다행히 선생님은 친구의 이 고자질이 무슨 뜻인지 이해하지 못하셔서 별 탈은 없었습니다. 하지만 나는 이 충격적인 사건을 감당하기 힘들었습니다. 내가 인생에서 당한 첫 배신은 그때까지 내가 인생에 대해 생각하고 기대했던 모든 것을 산산조각 냈습니다. 배신당했다는 사실을 마음으로 삭이기까지 몇 주가 걸렸습니다. 이러한 체험을 통해 나는 인생을 보다 깊이 알게 되었습니다. 그리고 나는 누구나 인생에서 겪게 되는, 또 새로운 생채기를 통해 아물지 못하는 이러한 쓰라린 상처를 안고 살아가야 했습니다. 이후에 살아가면서 받은 상처들 중 어떤 상처들은 첫 번째 상처보다 심한 것도 있었습니다. 하지만 나중에 받은 상처들은 첫 상처만큼 아프지는 않았습니다.

아버지는 내가 학교에 입학하기도 전에 오래된 타펠클라비어[6]를 이용해 내게 음악을 가르치기 시작했습니다. 나는 악보를 보고 그대

[6] 19세기 초 유행했던 소형 피아노

로 연주하는 경우가 드물었습니다. 나는 즉흥적인 연주를 하고, 가곡이나 찬송가를 칠 때에도 나름대로 반주를 넣어 연주하기를 좋아했습니다. 그런데 학교 음악시간에 여선생님이 풍금으로 찬송가를 연주하면서 반주 없이 악보에 있는 멜로디만 치는 것을 보면서 나는 연주가 아름답지 못하다고 여기고는 쉬는 시간에 선생님께 왜 제대로 반주를 넣어 치시지 않느냐고 물었습니다. 그러고는 조급한 열성을 보이면서 풍금 앞에 앉아 선생님이 보는 앞에서 대충 머리에 떠오르는 대로 다양한 반주를 넣어 찬송가를 연주해 보였습니다. 선생님은 나에게 상당한 호의를 보이면서, 신기한 눈길로 나를 바라보았습니다. 하지만 선생님은 이후에도 계속 손가락 하나만을 사용해 찬송가를 연주했습니다. 그제서야 나는 내가 할 수 있는 것이라도 선생님은 할 수 없는 것이 있다는 것을 깨달았고, 내가 자신의 능력을 아주 당연한 것으로 여기고 선생님 앞에서 빼긴 것 같아서 부끄러웠습니다.

하지만 나는 보통은 조용하고, 몽상에 잘 빠지는 학생이었으며, 글을 읽고 쓰는 것을 익히는 데는 상당한 노력을 기울여야 했습니다.

초등학교 일 학년 때에 있었던 일 가운데 기억나는 것이 또 하나 있습니다. 학교에 들어가기 전에 아버지는 나에게 성경에 나오는 여러 이야기를 들려 주셨는데, 그 중에는 대홍수에 관한 이야기도 있었습니다. 그 해 여름에는 비가 많이 내렸는데, 나는 아버지에게 "지금 이

곳에도 40일 동안 밤낮으로 비가 내렸는데 물이 산을 덮기는커녕 집까지도 차오르지 않네요" 라고 당돌하게 의문을 표시했습니다. 그러자 아버지는 "세상이 처음 만들어졌을 당시에는 지금처럼 빗방울이 떨어진 것이 아니라 큰 물통에서 물이 쏟아지듯이 비가 내렸단다" 라고 말씀하셨습니다. 아버지의 설명을 듣고 나니 이해가 되었습니다. 그 후 학교에서 선생님도 대홍수에 대한 이야기를 하셨는데, 그때 나는 선생님이 당연히 대홍수 당시의 비와 오늘날 내리는 비에는 차이가 있다고 설명해주기를 기다렸습니다. 그런데 선생님은 그런 설명을 하지 않았습니다. 나는 더는 참을 수가 없어서 자리에서 일어나면서 "선생님, 이야기를 정확하게 해주셔야죠" 라고 소리쳤습니다. 선생님이 나에게 조용히 하라고 하셨지만, 나는 계속해서 말했습니다. "선생님, 옛날에는 지금처럼 빗방울이 떨어진 것이 아니라 물통에서 물이 쏟아지듯이 비가 내렸다고 설명을 해야 합니다."

8살이 되었을 때, 나는 아버지를 졸라 신약성경 한 권을 받았고, 열심히 성경책을 읽었습니다. 내가 가장 흥미를 느꼈던 이야기 중의 하나는 동방박사에 관한 이야기였습니다. 그런데 내가 궁금했던 것은, 예수님의 부모는 동방박사들이 가져온 황금과 다른 귀한 물건들을 가지고 도대체 무엇을 했을까, 어떻게 예수님의 부모는 나중에 다시 가난하게 되었을까 하는 것이었습니다.

내가 정말 이해할 수 없었던 것은, 동방에서 온 박사들이 어린 예수를 계속해서 돌보지 않았다는 것입니다. 또한 예수님이 태어나셨던 베들레헴 근교에서 양을 치다가 아기 예수님을 찾아왔던 목동들도 나중에 예수님의 제자가 되었다는 이야기를 찾을 수가 없어 무척 궁금했습니다.

2학년이 되면서 일주일에 두 번씩 예쁘게 글씨 쓰는 법을 연습하는 습자習字시간이 있었습니다. 습자 선생님은 우리를 가르치기 바로 전 시간에 마을 학교보다 규모가 큰 본교에서 성악수업을 하셨습니다. 한번은 우리가 너무 일찍 마을 학교를 출발한 탓에 본교 교실 앞에서 기다려야 했습니다. 그런데 교실에서 '저기 물레방아 아래서 나는 달콤한 휴식에 빠졌네' 또는 '너 아름다운 수풀아'라는 노래가 이중창으로 들려오는 것을 들으며 나는 너무나 황홀해서 넘어지지 않도록 교실 벽에 몸을 기대고 있어야 했습니다. 나는 온 몸으로 이중창의 선율이 주는 환희를 느꼈습니다. 그리고 처음으로 관악 합주단이 연주하는 것을 들었을 때는, 넋을 잃을 정도였습니다. 비록 바이올린 소리는 처음 들었을 때는 그다지 아름답게 느껴지지 않았지만, 시간이 지나면서 점차 익숙해졌습니다.

나는 마을 학교에 다니던 시절에 처음으로 자전거의 출현을 체험했습니다. 우리는 마부들이 커다란 바퀴를 가진 자전거를 타고 가면

가족과 함께

서 말을 놀라게 하는 사람들에 대해 열을 내어 격분해하는 소리를 이미 여러 번 들은 적이 있었습니다. 그런데 어느 날 아침 쉬는 시간에 학교 운동장에서 놀고 있는데, 저쪽 도로변에 있는 한 음식점에 자전거를 탄 사람 하나가 나타났다는 소식이 들려왔습니다. 우리는 학교 수업과 다른 모든 일은 잊어버리고 음식점으로 달려가 바깥에 세워진 커다란 바퀴의 자전거를 놀란 눈으로 쳐다보았습니다. 어른들도 많이 모여들어 아이들과 함께 자전거 주인이 주문한 포도주를 얼른 마시기만을 기다렸습니다. 마침내 자전거 주인이 밖으로 나왔습니다. 사람들은 다 큰 자전거 주인이 반바지 차림인 것을 보고는 모두 웃었습니다. 자전거 주인은 곧장 자전거에 올라 페달을 밟고 출발하였습니다.

바퀴가 아주 커다란 자전거에 이어 1880년대 중반에는 바퀴 지름이 절반 정도 되는 이른바 '캥거루 자전거'가 등장했습니다. 그리고 얼마 지나지 않아 처음으로 바퀴가 작은 자전거도 볼 수 있게 되었습니다. 그런데 바퀴가 작은 자전거를 탄 사람들은 바퀴가 큰 자전거를 탈 만한 담력이 없다는 비웃음을 사기도 했습니다.

나도 김나지움 졸업을 일 년 앞두고 그렇게 오랫동안 바랐던 자전거를 마침내 갖게 되었습니다. 자전거를 살 돈은 일 년 반 동안 유급당한 학생들에게 수학 과외를 해주면서 벌었습니다. 그것은 중고 자전거였는데, 230마르크를 주고 산 것이었습니다. 당시에는 목사의 아들이 자전거를 타는 것은 예절에 어긋나는 것으로 여겨졌습니다. 그런데 다행스럽게도 아버지는 이러한 편견에 꽤넘치 않았습니다. 물론 아버지는 다른 사람들로부터 아들의 "건방진" 시도를 책망하는 소리도 들어야 했습니다.

스트라스부르 대학의 저명한 동양학자이며 신학자였던 에두아르트 로이스는 신학부의 학생들이 자전거를 타는 것을 허락하지 않았습니다. 내가 1893년 신학부 학생으로 자전거를 타고 토마스 신학원에 들어섰을 때, 에리히손 학장은 로이스 교수가 돌아가셨기 때문에 내가 자전거를 타고 오는 것을 허락한다고 말했습니다.

요즘의 아이들은 당시 자전거의 출현이 우리에게 어떤 의미를 가졌는지 도저히 상상할 수 없을 것입니다. 자전거를 통해 대자연에서 마음껏 돌아다닐 수 있는 완전히 새로운 가능성이 우리 앞에 열리게 되었습니다. 나는 기쁨을 느끼며 이러한 가능성을 마음껏 누렸습니다.

자전거에 대한 첫 추억 외에 토마토에 대한 첫 추억도 있습니다. 아마도 내가 여섯 살쯤이었던 것으로 기억되는데, 이웃에 사는 레오폴트 아저씨가 자신의 정원에서 가꾼 아주 신기한 빨간 과일을 들고 왔습니다. 어머니는 이 선물을 받고 좀 당황해했는데, 그것을 어떻게 요리해야 할지 몰랐기 때문입니다. 마침내 붉은 색의 소스가 식탁에 올랐지만 별로 인기가 없어 대부분이 쓰레기통에 버려졌습니다. 토마토는 1880년대 후반에 이르러서야 알자스 지방에서도 식탁에 오를 수 있었습니다.

나에게 가장 끔찍한 장소는 아버지의 서재였습니다. 나는 어쩔 수 없는 경우를 제외하고는 그 곳에 들어가지 않았습니다. 서재에서 풍겨나는 책 냄새는 숨을 막히게 하였습니다. 나에게는 아버지가 늘 서재의 책상에 앉아 책을 읽거나 글을 쓰시는 것이 정말 이상하게 생각되었습니다. 나는 아버지가 어떻게 그렇게 버틸 수 있는지 이해가 되지 않았고, 결코 아버지와 같이 연구에만 몰두하고 글을 쓰는 사람은 되지 않겠다고 굳게 다짐했습니다.

아버지가 서재에 틀어박혀 글을 쓰는 것에 대해 다소나마 이해심을 갖게 된 것은 언젠가 '교회소식지'와 달력에 실린 아버지의 마을 이야기에 대해 매혹을 느끼면서부터였습니다. 아버지의 문학적 모범은 스위스에서 목사이면서 작가로 활동했던 예레미아스 고트헬프[7]였습니다. 다만 아버지는 이 작가보다는 주변 사람들을 배려하면서 이야기를 썼습니다. 다시 말해 아버지는 자신의 이야기에 등장하는 인물을 묘사할 때 누구를 두고 한 이야기인지 쉽게 알아차릴 정도로

---

[7] 19세기 중반 스위스 농촌 삶의 현장을 소재로 사실적인 작품을 많이 썼던 계몽적 작가. 대표작으로 『흑거미』가 있다.

분명하게 묘사하는 것은 피했습니다.

그런데 일 년에 한 번은 반드시 이 서재를 찾아야 했습니다. 그때는 성탄절을 지나 새해를 맞기 전까지의 기간이었습니다. 아버지는 이 기간 중 어느날 아침 식사를 한 후 이렇게 말씀하셨습니다. "오늘은 편지를 써야 하는 날이다. 너희들은 크리스마스 선물을 받고서도 막상 감사 편지를 쓰는 데는 너무 게을러. 그러니 오늘은 모두 감사 편지를 쓰도록 하자. 찡그린 표정은 짓지 말기 바란다."

나는 이 시간이 찾아오면 누이들과 함께 아버지의 서재에 앉아 책 냄새를 맡으며 아버지의 펜이 종이 위를 끌쩍거리는 소리를 들어야만 했습니다. 내 마음은 온통 교회 뒤쪽으로 나 있는 길에서 썰매를 타는 아이들에게 가 있었습니다. 그렇지만 나는 아저씨와 숙모들, 대부 그리고 크리스마스 선물을 준 여러 사람들에게 편지를 써야 했습니다. 그런데 내가 써야 했던 그 편지들이란! 살면서 글을 쓰는 것이 그렇게 어려웠던 적은 없었습니다. 모든 편지는 당연히 내용이 같았습니다. 첫째는 편지를 받는 사람이 보내준 크리스마스 선물에 대한 감사 그리고 모든 선물 중에서 그 선물이 가장 마음에 들었다는 찬사, 둘째는 내가 받은 모든 선물을 하나씩 언급하는 것, 그리고 마지막으로 새해 인사를 하는 것이었습니다. 하지만 모든 편지는 내용은 같아도 조금씩 차이가 있어야 했습니다. 그리고 모든 편지에서 가장 힘든 부분은 바로 크리스마스 선물 이야기에서 새해 인사로 넘어가는 대목을 멋있게 쓰는 것이었습니다. 아울러 편지마다 마무리 부분에서 적절한 마지막 찬사를 찾아 적어야 하는 괴로움에 대해서는 더는 언급하고 싶지 않습니다.

모든 편지는 먼저 연습용으로 써서 아버지에게 보여드려야 했습니다. 그러고 나면 편지의 내용을 더 잘 다듬거나 새롭게 문안을 추가하고, 마지막으로 예쁜 편지지에 틀린 글자 없이 그리고 잉크의 얼룩이 묻지 않게 조심하면서 옮겨 써야 했습니다.

나는 써야 할 여섯 통 내지 일곱 통의 편지 중에서 한 통도 제대로 쓰지 못하고 점심시간을 맞아야 할 때가 많았습니다. 여러 해 동안 나는 성탄과 새해 사이의 기간이면 식사를 하면서 눈물을 흘린 적이 많았습니다. 한번은 성탄절 날 선물을 받은 직후에 이제 꼼짝없이 써야 할 편지들을 생각하며 운 적도 있었습니다. 누이 루이제는 모든 감사 편지를 다르게 쓰면서 크리스마스 선물 이야기에서 새해 인사로 넘어가는 부분에서 늘 새로운 아이디어를 잘도 찾아냈습니다. 나에게 누이 루이제만큼 작가로서의 능숙한 면모를 보여 깊은 인상을 준 사람은 없습니다.

어린 시절에 이렇게 감사와 새해 인사를 담은 편지를 쓰면서 갖게 된 아버지의 서재와 편지쓰는 것에 대한 혐오감은 여러 해 동안 계속

되었습니다. 그런데 나는 살아가면서 처해진 여건으로 인해 특히 많은 사람들과 편지를 주고받지 않을 수 없었습니다. 하지만 아주 멋지게 새해 인사를 하면서 끝맺는 편지는 아직도 제대로 쓸 줄 모릅니다. 그래서 이제 내가 아저씨 또는 대부의 자격으로 아이들에게 크리스마스 선물을 할 때면, 선물을 받은 아이들에게 감사 편지를 보내지 말라고 꼭 당부를 합니다. 그 아이들이 나처럼 성탄절 이후 새해를 맞는 기간에 눈물을 흘리면서 수프를 먹게 하고 싶지 않기 때문입니다.

나는 아직까지도 아버지의 서재에 들어서면 마음이 불편합니다.

성탄절 다음 주간은 일 년 중에서 아버지가 우리에게 엄격했던 유일한 주간이었습니다. 보통 때 아버지는 우리들에게 아이들로서 누릴 수 있는 최대한의 자유를 주셨습니다. 우리는 아버지의 자애로움을 헤아릴 수 있었고, 아버지에 대해 깊이 감사하는 마음을 가졌습니다. 여름방학이 되면 아버지는 일주일에 두세 번은 우리와 함께 하루 종일 등산을 하면서 보냈습니다. 그래서 우리는 들에 피어나는 장미처럼 자유분방하게 자라났습니다.

우리는 3학년이 되면서 마을 학교를 벗어나 일티스 신부님이 가르치는 "큰 학교"로 옮겨갔습니다. 일티스 신부님은 아주 유능한 선생님이셨습니다. 나는 특별히 노력하지 않고서도 신부님으로부터 많은 것을 배웠습니다.

나는 살아오면서 마을 학교에서 초등학교 시절을 시작할 수 있었던 것을 기쁘게 생각했습니다. 마을 학교에서 배우는 동안에 스스로를 마을 아이들과 견주어 보면서 다른 아이들의 머릿속에 나보다 많은 것이 들어 있다는 사실을 확인한 것은 내게 다행한 일이었습니다. 곧바로 김나지움에 진학한 많은 아이들은 흔히 자신들이 교양 있는 집의 자식으로서 기운 바지를 입고 나무로 만든 신을 신고 다니는 촌동네의 악동들보다 잘났다고 생각하기 쉬운데, 나는 먼저 마을 학교를 다닌 덕분에 이러한 생각을 멀리할 수 있었습니다. 요즘도 마을이나 들판에서 당시의 친구들을 만나면, 내가 어떤 점에서 그들보다 부족했었는지가 금방 떠오릅니다. 어떤 아이는 나보다 암산을 더 잘했고, 어떤 아이는 받아쓰기에서 적게 틀렸으며, 어떤 아이는 늘 역사 연대를 더 잘 알고 있었고, 어떤 아이는 지리 시간에 일등이었습니다. 그리고 프리츠 쉐펠러라는 친구는 교장선생님보다도 예쁘게 글씨를 썼습니다. 지금도 이때 친구들을 만나보면 어렸을 적에 나보다 뛰어났던 모습 그대로입니다.

나는 9살이 되자 뮌스터에 있는 실업학교에 진학하였고, 아침 저녁으로 3킬로미터나 되는 산길을 오가야 했습니다. 함께 이 산길을 오가는 친구는 없었지만, 혼자서 생각에 잠겨 산길을 걸을 때면 나는 참으로 행복하였습니다. 그 시절에 나는 산길을 걸으면서 가을, 겨울, 봄 그리고 여름에 걸쳐 사계절의 정취를 만끽했습니다. 일 년 동안 실업학교를 다니다가 1885년 여름방학을 맞아 알자스 고지대의 뮐하우젠에 있는 김나지움으로 전학 결정이 났을 때, 나는 혼자서 몇 시간이나 울었습니다. 그것은 마치 나를 자연으로부터 떼어놓는 것과 같았습니다.

나는 뮌스터의 실업학교를 오가면서 체험한 아름다운 자연에 대한 감동을 시로 표현해보고자 시도했습니다. 하지만 두세 줄 이상 쓰는 것도 힘들었습니다. 몇 번인가는 도로 저편의 고성古城이 있는 산을 그림에 담아보고자 했습니다. 하지만 그것도 성공하지 못했습니다. 이후부터 나는 아름다움을 굳이 예술이라는 형태로 가공하여 표현하지 않고 순수하게 관조하면서 즐기기로 마음먹었습니다. 나는 더 이상 그림을 그려 묘사하거나 시를 쓰려고 하지 않았습니다. 다만 즉흥적인 음악 연주를 하는 데서 나의 창의성을 발휘해 왔습니다.

뮌스터에 있는 실업학교에서는 쉐퍼 목사님이 종교수업을 맡으셨는데, 목사님은 대단히 신앙적인 인물이자 나름대로 독창성을 갖춘 연사였습니다. 목사님은 성경에 나오는 이야기들을 아주 감동적으로 전달할 줄 알았습니다. 목사님이 이집트로 팔려간 요셉이 후에 형제들을 다시 만나 자신을 알리는 장면을 이야기하시면서 강단에서 우시고 우리들은 의자에 앉아서 훌쩍거리던 일이 아직도 기억납니다. 목사님은 나에게 "웃는 사람"이라는 뜻을 지닌 '이삭'[8]이라는 별명을 지어주셨습니다. 나는 쉽게 웃음을 터뜨리는 약점이 있었던 것입니다. 급우들은 무정하게도 수업시간에 나의 이러한 약점이 더욱 잘 드러나도록 했습니다. 학급일지에는 "슈바이처가 웃음을 터뜨리다"라는 글이 자주 올랐습니다. 하지만 나는 활달한 성격은 아니었고 소심하고 내성적인 아이였습니다.

나의 내성적인 성격은 어머니로부터 물려받은 것이었습니다. 어머니와 나는 서로에 대해 느끼는 사랑의 감정을 말로 표현하는 성격이 아니었습니다. 우리가 마음에 담긴 이야기를 나눈 시간은 손으로 꼽을 수 있을 정도로 많지 않습니다. 하지만 우리는 말을 하지 않고도 서로를 이해했습니다.

어머니로부터 나는 또한 깊은 열정을 물려받았는데, 어머니의 이러한 열정은 아주 인자하면서도 불같이 화를 내기도 하셨던 외할아버지로부터 유전된 것이었습니다. 예를 들어 나는 놀이를 할 때 이런 열정을 의식했습니다. 모든 놀이를 아주 진지하게 여겼고 다른 사람

---

[8] 창세기에 나오는 인물인 이삭은 자식이 없던 아브라함이 100살이 되어 얻은 외아들로, 아브라함의 아내 사라는 늙은 나이에 자식을 얻고는 하느님이 웃음을 선사하셨다고 생각해 아들의 이름을 이삭이라고 지었다.

들이 나와 같은 열성을 다하지 않으면 화를 냈습니다. 아홉 살 내지 열 살이었을 적에 한번은 여동생 아델레가 나와 놀이를 하면서 대충 될 대로 되라는 식으로 성의를 보이지 않고 나를 쉽게 이기도록 만들었다는 이유로 여동생을 때린 적도 있었습니다. 이후 나는 놀이에 빠지는 나의 열정이 걱정되어, 점차로 모든 놀이에서 손을 뗐습니다. 카드에는 감히 한 번도 손을 대지 못했습니다.

담배도 대학에 다니던 시절인 1899년 1월 1일 이후 완전히 끊었습니다. 나 자신이 담배 피우는 것에 너무 탐닉한다는 사실을 깨달았기 때문입니다.

또한 화를 벌컥 내는 성격을 다스리는 것도 참으로 어려운 일이었습니다. 어린 시절 화를 내다가 창피를 당했던 일, 화를 내지 않으려고 애쓰던 일들이 아직도 기억납니다.

외할아버지인 쉴링거 목사님은 내가 태어나기 전에 세상을 떠나셔서 뵐 기회가 없었지만 계몽의 정신으로 가득 차 있던 분이셨습니다. 외할아버지는 18세기의 정신, 즉 계몽주의 정신[9]을 갖고 사셨던 분이었습니다. 교회 일이 끝난 후에 외할아버지는 길가에서 기다리는 사람들에게 정치 관련 소식을 전해주는 것은 물론 인류가 만들어낸 최

---

9 18세기 독일을 지배했던 중요한 사상적 조류로서 이성을 중시하고 계몽을 통해 사회 발전을 이룩하고자 했으며, 종교적 관용과 박애를 실천하고자 했다.

신 발명품을 접하게 해 주었습니다. 하늘에 무엇인가 볼거리가 있으면, 외할아버지는 저녁에 집 앞에 망원경을 세워놓고는 누구든지 와서 망원경을 볼 수 있게 하셨습니다.

한편 그 마을 성당의 신부님도 18세기 계몽주의 정신과 포용의 정신을 갖고 계신 분이어서 이 두 성직자는 서로 인접한 건물에 살면서 형제처럼 사이좋게 지냈습니다. 한 분의 집에 손님이 너무 많아 모시기가 어려우면 이웃한 신부님이나 목사님의 집에 숙소를 정하도록 하였습니다. 한 분이 멀리 여행을 가면, 다른 분은 여행을 떠난 목사님이나 신부님을 대신해서 환자들을 돌보아 주면서 이들에게 필요한 위로의 말을 해주었습니다. 부활절 아침에 성당의 신부님이 미사를 마치고 마침내 부활절 식사를 하러 급히 가면, 외할아버지는 창문을 열고는 큰 소리로 신부님의 금식 기간이 끝난 것을 축하해 주었습니다.

한번은 밤에 동네에 큰 화재가 났었습니다. 목사님이신 외할아버지가 사시는 집이 위험해 보이자 사람들은 가재도구를 신부님의 집으로 옮겼습니다. 그때 외할머니의 스커트는 신부님의 침실에 보관되어 있다가 다음 날 아침에 다시 원래 있던 집으로 되돌아왔다고 합니다.

외할아버지는 설교를 준비하실 때는 모든 정성을 다하셨습니다. 토요일에는 온 집안이 아주 조용해야 했습니다. 이날에는 어떤 방문

객도 맞지 않았습니다. 외할아버지는 아들, 즉 저의 외삼촌이 대학을 다니던 시절에는 토요일에 휴가를 내어 집으로 오는 것조차 엄격히 금하셨습니다.

훌륭한 목사님이셨던 외할아버지 쉴링거는 왕과 같은 위엄을 지닌 분이셨던 것 같습니다. 외할아버지는 사람들이 자신에 대해 존경심을 품도록 했습니다. 사람들은 외할아버지와 이야기를 나누려면 검은색 정장에 모자를 쓰고 목사관에 와야 했습니다.

이 산간지방에는 외할아버지에 대한 수많은 일화가 전해지고 있습니다. 그 중 두 가지 일화는 '튀르트'[10]라고 불리는 뮌스터탈 산간지방의 전통 음식에 관한 것입니다. 외할아버지는 결혼식이나 세례식 후에 열리는 연회에서 목사의 자격으로 이 '튀르트'를 잘라야 했습니다. 한번은 외할아버지가 사람들에게 '튀르트'를 어디에서 잘라도 상관이 없는지 물었습니다. 사람들은 당연히 목사님의 말을 어떤 부분을 먼저 잘라도 좋은가, 라는 뜻으로 알아듣고서 "그렇다"고 대답했습니다. 그러자 할아버지는 "그렇다면 집에서 잘라야겠다"고 기지가 넘치는 대답을 하셨습니다. 다른 한번은 외할아버지가 '튀르트'를 자

---

10 알자스 산간지방 뮌스터탈의 전통음식. 다진 고기와 빵조각, 양파에 여러 양념을 버무려 큰 케이크 판 위에 얹어서 통째로 구운 일종의 고기파이인데, 연회에서는 큰 접시에 담긴 이 음식을 사람의 숫자대로 케이크 자르듯이 잘라서 나누어 먹는다.

르다가 그만 실수로 한 조각이 모자라게 잘랐습니다. '튀르트'가 올려진 커다란 접시가 다시 외할아버지께 되돌아왔을 때는 한 조각도 남아 있지 않았습니다. 그러자 외할아버지는 "난 사실 '튀르트'라는 음식을 별로 좋아하지 않지"라고 말했습니다. 그런데 외할아버지가 '튀르트'를 좋아하신다는 것은 누구나 알고 있는 사실이었습니다. 외할버지가 목회하시던 산간지방에는 지금도 결혼이나 세례 후 피로연이 열리게 되면 잔칫날에 흔히 있는 풍습을 좇아 외할버지에 대한 이런 저런 일화가 사람들의 입에 오르내리며 듣는 사람들의 웃음을 터뜨립니다.

외할아버지가 사셨던 목사관과 설교를 하셨던 교회는 전쟁 때 폭격을 받아 파괴되어 지금은 남아있지 않습니다. 교회 중간에는 큼직한 참호가 생겨났습니다. 하지만 교회 옆에 있는 외할아버지의 묘소는 기적처럼 온전히 보존되었습니다.

사람들이 내게 무슨 말을 하는지 잘 이해하지 못할 정도로 아주 어렸을 적에 어머니가 알베르트라는 내 이름이 돌아가신 외삼촌을 기념하여 지은 이름이라고 말해주신 적이 있습니다. 사실 이 외삼촌은 외할아버지가 첫 아내에게서 얻은 아들로 어머니에게는 이복 오빠가 되는데, 스트라스부르의 성 니콜라이 교회에서 목사로 활동하셨던 분입니다. 외삼촌은 1870년 '바이센부르크 전투'[11]가 있고 난 후 스트라스부르가 포위당할 것에 대비하여 파리에 가서 의약품을 갖고 오는 임무를 맡았습니다. 그런데 외삼촌은 파리에서 스트라스부르의 의사들이 간절히 원하던 의약품을 바로 얻지 못하고 이 병원, 저 병원을 찾아 다녀야 했습니다. 외삼촌이 원하던 의약품의 일부를 손에 넣어 귀로에 올랐을 때는 스트라스부르 성곽이 이미 완전히 포위된 상태였습니다. 독일 점령군을 지휘했던 폰 베르더 장군은 의약품을 스트라스부르로 반입시키는 것은 허용했으나, 외삼촌은 포로로 잡아두었습니다. 그래서 외삼촌은 성을 포위한 독일군들과 더불어 성을 점령하는 일에 어쩔 수 없이 동참해야 했습니다. 그러면서 외삼촌은 자신이 돌보던 교회의 신자들이 어려운 시기에 목사님이 자신들을 곤경에 그대로 내버려두었다고 여기지 않을까 하는 생각에 시달렸습니다. 심장이 약하셨던 외삼촌은 당시 격동의 몇 개월을 보내면서 그 후유증을 결국 이겨내지 못했습니다. 외삼촌은 1872년 여름에 스트라스부르에서 친구들과 모인 자리에서 쓰러지신 후 돌아가셨습니다.

나는 어머니가 그렇게 좋아하셨던 한 인간의 실존을 계속 이어가야

---

11 1870년 8월 알자스 북부의 국경도시 바이센부르크에서 벌어진 독불전쟁의 첫 전투. 독일은 이 전쟁에서 승리하면서 알자스 지방 일부를 다시 점령했고, 아울러 지방의 여러 나라로 나뉘어져 있던 독일은 프랑스와의 전쟁을 계기로 프로이센의 주도 아래 통일을 이룩했다.

겠다는 생각에 크게 사로잡혔습니다. 이는 내가 특히 그분의 인자한 성품에 대해 많은 이야기를 들었기 때문입니다. 스트라스부르가 점령된 후 성 안에는 한동안 우유가 귀했는데, 외삼촌은 매일 아침마다 한 가난한 노파에게 자신이 마실 우유를 가져다주었다고 합니다. 노파는 외삼촌이 돌아가신 후 어떻게 자신이 매일 우유를 마실 수 있었는지를 저의 어머니에게 전해주었습니다.

지난 세월을 돌이켜 보면 나는 세상에서 벌어지는 여러 비참한 상황을 지켜보며 마음 아픈 적이 많았습니다. 나는 청소년 시기에 경험하는 순진무구한 인생의 환희를 사실은 제대로 맛보지 못했습니다. 다른 많은 아이들도 겉으로는 기쁘고 아무런 근심이 없어 보였는지 모르지만 사정은 마찬가지라고 생각합니다.

나는 특히 불쌍한 동물들이 많은 고통과 곤경을 당하는 것이 마음 아팠습니다. 나이 들어 절뚝거리는 말 한 마리가 한 사람은 앞에서 잡아당기고 한 사람은 막대기로 내리치는 가운데 콜마르에 있는 도살장으로 끌려가는 광경은 몇 주 동안이나 나를 괴롭혔습니다.

초등학교에 들어가기도 전부터 내가 이해할 수 없었던 한 가지는 자기 전에 기도할 때 언제나 사람들만을 위해 기도해야 한다는 것이었습니다. 그래서 나는 어머니가 나와 기도를 하고 잠들기 전에 볼에 입을 맞출 때면 마음속으로 모든 살아있는 존재를 위해 내가 직접 지은 기도문을 가지고 소리내어 기도했습니다. "사랑의 하느님, 숨을 쉬는 모든 생명체를 보호하시고 축복해 주세요. 모든 악에서 지켜주시고 평안히 잠들게 해 주세요."

   일곱 살 때 아니면 여덟 살 때에 있었던 한 가지 사건은 나의 인생에 깊은 인상을 남겼습니다. 놀이 동무였던 하인리히 브라쉬와 나는 고무줄로 작은 돌멩이를 날릴 수 있는 새총을 만들었습니다. 아마 봄철 수난주간이었던 것으로 기억됩니다. 어느 일요일 아침에 하인리히는 내게 "우리 렙베르크 산에 가서 새들을 맞추자"고 말했습니다. 나는 이러한 제안이 끔찍하리만큼 싫었지만, 비웃음을 사게 될까 두려워 감히 그 제안을 거절하지 못했습니다. 우리는 가지가 앙상한 나무에 다가갔는데, 나무에는 사람을 별로 무서워하지 않는 새들이 사랑스러운 모습으로 앉아서 아침을 알리며 지저귀고 있었습니다. 하인리히는 마치 사냥에 나선 인디언처럼 조약돌을 하나 고무 새총에 재고는 고무줄을 당겼습니다. 나도 그의 명령조의 표정에 굴복하여 심한 양심의 가책을 느끼면서도 같은 행동을 취하였습니다. 마음속으로는 새를 맞추지 않고 빗나가게 쏘겠다고 다짐했습니다. 그런데 바로 그 순간 따스한 햇살과 새들의 노랫소리 사이로 교회의 종소리가 울려 퍼졌습니다. 예배의 시작을 알리는 본격적인 종소리가 있기 30분 전에 울리는 예배 준비를 알리는 종소리였습니다. 그 종소리가 내게는 하늘에서 들려오는 음성처럼 들렸습니다. 나는 고무 새총을 내던지고는, 새들이 나무 위로 멀리 날아가서 하인리히의 새총에 맞지 않도록 내쫓은 후 집으로 도망쳐 왔습니다.

지금도 수난주간의 종소리가 따스한 햇살과 앙상한 나뭇가지 사이로 울려 퍼질 때면 언제나 그때의 종소리가 나에게 "살생하지 말라"[12]는 하느님의 계명을 일깨워 준 것을 감격하고 감사하는 마음으로 회상하게 됩니다.

그날 이후로 나는 사람에 대한 두려움에서 자유로워지려고 했습니다. 내 마음 깊은 곳에 어떤 확신이 있으면 이제는 옛날보다는 다른 사람의 생각에 그렇게 매이지 않았습니다. 나는 혹시 친구들의 비웃음을 사지나 않을까 두려워하는 소심함을 극복하고자 노력했습니다.

다른 생명체를 죽이거나 고통스럽게 해서는 안 된다는 계명은 신기한 방법으로 나를 감화시켰는데, 그것은 유년 시절과 청소년 시절에 내가 겪었던 위대한 체험이었습니다. 이 체험에 비하면 다른 체험들은 빛이 바랠 정도입니다.

내가 학교에 들어가기 전 우리 집에는 '필락스' 파수꾼이라는 뜻-옮긴이 라는 이름의 누렁이가 한 마리 있었습니다. 그런데 다른 개들과 마찬가

---

12 모세를 통해 하느님의 백성 이스라엘에게 전해진 '십계명' 중 여섯 번째에 해당하는 계명으로 기독교에서는 흔히 사람을 죽이는 것을 금하는 '살인하지 말라'는 의미로 해석되었다.

지로 이 누렁이는 제복을 아주 싫어해서 우체부 아저씨가 오면 달려들었습니다. 그래서 우체부가 오는 시간에 나는 이미 경찰 아저씨에게도 한번 달려든 적이 있는 이 사나운 개를 진정시키는 일을 맡았습니다. 나는 버들가지로 된 채찍을 들고서 개를 마당 한 구석으로 내몰았고 우체부 아저씨가 가시기 전에는 구석에서 나오지 못하게 했습니다. 나는 동물조련사가 된 기분이 들어 으르렁거리며 이빨을 내보이는 사나운 개 앞에 서서 개가 튀어나오려고 하면 채찍으로 내리치며 뿌듯한 자부심을 느꼈습니다. 그러나 이러한 자부심은 오래 가지 않았습니다. 우체부 아저씨가 가고 난 후에 다시 개의 다정한 친구가 되어 옆에 있게 되면, 개를 때린 것이 마음 아팠습니다. 나는 개의 목줄을 잡고 쓰다듬기만 해도 우체부 아저씨에게 달려들지 않게 할 수 있다는 것을 알고 있었습니다. 하지만 정작 문제의 시간이 닥치면 나는 언제나 동물조련사처럼 행동하고자 하는 충동에 사로잡혔습니다.

방학 때에는 허락을 받고 이웃에 사는 마부에게 갈 수 있었습니다. 그가 키우는 갈색 말은 좀 늙은 말이어서 숨을 헐떡거렸습니다. 그래서 그 말은 오랫동안 빨리 걷게 해서는 안 되었습니다. 그런데 나는 그 갈색 말이 이미 지쳤다는 것을 알면서도 마부로서의 열정에 사로잡혀 빨리 걷도록 말에게 마구 채찍질을 했습니다. 내가 말을 빨리 달리게 할 수 있다는 자부심에 매혹되었던 것입니다. 이웃집 마부는 "나의 기쁨을 망치지 않으려고" 내가 그렇게 행동하도록 내버려두었습니다. 그러나 집으로 돌아와 마구를 벗기면서 마차를 타고 달릴 때에는 미처 깨닫지 못했지만 말의 옆구리가 얼마나 혹사당했는지를 알게 되자 기쁨은 사라졌습니다. 뒤늦게 말의 피곤한 눈을 쳐다보면서 속으로 용서를 구한들 무슨 소용이 있었겠습니까?

한번은 김나지움에 다니던 때였는데 크리스마스 휴가를 맞아 집으로 돌아와 말이 끄는 썰매에 탔습니다. 그런데 이웃집에서 사납기로 소문난 뢰셔라는 이름의 개 한 마리가 요란하게 짖으면서 말을 향해 뛰쳐나왔습니다. 개는 단순히 장난을 치려고 썰매를 향해 달려 들었던 것이지만, 나는 개를 향해 제대로 채찍질을 하는 것이 좋겠다고 생각했습니다. 그런데 나는 너무 정확하게 개를 가격했습니다. 개는 내가 내리친 채찍에 눈을 맞고 신음 소리를 내면서 눈 속에 뒹굴었습니다. 그 신음 소리는 오랫동안 나의 귀에 쟁쟁하였습니다. 몇 주 동안이나 나는 그 개의 신음 소리를 잊을 수 없었습니다.

나는 다른 아이들과 두 번 정도 낚시를 갔습니다. 하지만 미끼로 사용되는 지렁이를 학대해야 하고 낚아 올린 물고기에서 낚싯바늘을 떼어내기 위해 물고기 입을 찢어야 하는 끔찍함이 싫어 낚시하는 것을 그만두었습니다. 게다가 나는 다른 아이들이 물고기를 낚지 못하게 하는 용기도 발휘했습니다.

    나의 마음에 감동을 주었고 때로는 나로 하여금 수치심을 느끼게 했던 이러한 체험들을 통해 내 마음 안에 서서히 한 가지 확신이 자리 잡기 시작했습니다. 그것은 어쩔 수 없는 불가피한 경우가 아니라면 다른 생물을 죽이거나 고통스럽게 해서는 안 되며, 아무런 생각 없이 고통을 가하고 죽이는 행위는 아주 끔찍한 행위라는 점을 우리 모두가 느껴야 한다는 것입니다. 이러한 확신은 나를 더욱 강력하게 사로잡았습니다. 나는 우리 모두가 마음 깊이 이러한 생각을 가져야 한다고 확신합니다. 나는 다른 사람들로부터 "지나치게 감상적"이라고 비웃음 당하는 것이 두려워 또는 스스로 둔감한 사람이 되어 이러한 사실을 고백하거나 인정하지 않는 태도를 보여서는 곤란하다고 생각합니다. 하여튼 나는 결코 둔감해지거나 감상적이라는 비난을 두려워하지 말아야겠다고 다짐했습니다.

나는 부모님 곁을 떠나 뮐하우젠에서 김나지움을 다녔는데, 그곳에서는 슬하에 자녀 없이 나이가 드신 루이즈 아저씨와 조피 아주머니 댁에 기거하였습니다. 루이즈 아저씨는 사실 족보상으로는 나의 할아버지의 이복 동생으로 나에게는 종조부였고 내가 세례를 받았을 때 대부가 되어 주셨던 분입니다. 이런 연유로 아저씨는 내가 김나지움을 졸업할 때까지 자기 집에 무료로 기숙하도록 배려해 주셨습니다. 이렇게 아저씨 덕분에 아버지는 형편이 어려운 중에서도 나를 김나지움에 보낼 수 있었습니다. 아저씨의 도움이 없었더라면 아버지는 나를 김나지움에 보낼 수가 없었을 것입니다. 루이즈 아저씨와 조피 아주머니가 나를 그분들 집에 머물게 하신 것이 얼마나 큰 선행이었는지 나는 나중에야 깨달았습니다. 그런데 나는 처음에는 아저씨 가정에서 받는 훈육이 엄하다고만 느꼈습니다.

루이즈 아저씨는 뮐하우젠에 있는 여러 초등학교에서 교장직을 맡고 있었고 마리아힐프 교회 옆에 있는 중앙초등학교의 우중충한 관사에 살고 계셨습니다.

내 기억이 틀리지 않다면 아저씨는 그 이전인 1855년경에는 오랫동안 나폴리에 계셨습니다. 아저씨는 그곳에 거주하는 프랑스인들과 독일인들이 공동으로 세운 독일-프랑스학교를 운영하셨습니다.

나에게 작은 할아버지 뻘이 되시는 루이즈 아저씨 집에서의 생활은 아주 세심한 부분까지 지켜야 하는 규칙이 있었습니다. 점심 식사를 하고 나서 다시 학교로 돌아갈 때까지는 피아노를 연습해야 했습니다. 저녁에도 학교 숙제를 마치고 나면 또 다시 피아노를 쳐야 했습니다. 조피 아주머니는 나를 피아노가 있는 방으로 내몰면서 "음악이 너의 인생에 얼마나 유익한 것인지 아직은 잘 모를 거다"라고 말했습니다. 물론 그때 아주머니는 나중에 내가 음악의 도움으로 아프리카의 원시림에 병원을 세우는 데 필요한 자금을 마련할 수 있을 것이라고는 예상하지 못했을 것입니다. 일요일 오후 시간만이 유일하게 휴식을 취할 수 있는 시간이었습니다. 일요일 오후에 우리는 산책을 하였습니다. 그러고 나서야 나는 밤 10시까지 나의 강렬한 독서욕을 채울 수 있었습니다.

독서에 대한 나의 열정은 끝이 없었습니다. 이러한 독서욕은 지금도 나를 따라다닙니다. 나는 일단 읽기 시작한 책은 손에서 놓지를 못합니다. 밤을 새워서라도 다 읽어야 직성이 풀리는 성격이었습니다. 자세히는 아니고 대충 읽더라도 끝까지 읽어야 했습니다. 그리고 마음에 드는 책이면 곧바로 두세 번을 연이어 읽었습니다.

조피 아주머니는 나의 이러한 독서 태도에 대해 "집어삼킬 듯이 책을 읽는다"며 끔찍하게 여겼습니다. 아주머니 자신도 독서에 대한 열정을 갖고 있었지만, 나의 열정과는 다른 것이었습니다. 교사 생활을 한 적이 있는 아주머니는 "중요한 것은 문체이므로 문체를 즐기기 위해" 책을 읽는 것이라고 하셨습니다. 아주머니는 매일 저녁 3시간 동안, 즉 저녁 식사 전에 한 시간 그리고 식사 후에 두 시간에 걸쳐 뜨개질이나 코바늘뜨기를 하면서 책을 읽었습니다. 문체가 아주 아름다운 경우, 마부가 말에게 신경을 쓰지 않을 때 말들이 천천히 걸어가듯이 뜨개질 바늘의 움직임은 느려졌습니다. 아주머니는 가끔 "오, 알퐁스 도데, 오 앙드레 퇴리에, 어쩌면 이렇게 아름다운 문체를! 오 빅토르 위고[13]는 어떻게 이렇게 쓸 수 있을까!" 하고 감탄했습니다.

조피 아주머니는 율리우스 슈틴데[14]가 쓴 유머러스한 소설 『부흐홀츠 가족』을 읽는 동안에는 웃음을 참느라고 눈물을 흘리실 정도였습니다. 하지만 아주머니는 아무리 책이 재미있다고 하더라도 정해진 시간에서 15분 이상의 시간을 초과하면서까지 책을 읽지는 않았습니다. 정확히 10시 반이 되면 아주머니는 책갈피를 끼우고 책을 덮었습니다.

따라서 아주머니와 나는 같은 테이블에서 책을 읽었지만 책에 대한 열정이 서로 달랐기 때문에 각자는 서로에게 이해할 수 없는 존재로 남았습니다. 아주머니는 내가 너무 빨리 책 한 권을 끝내면 나의 교양을 염려하여 나의 독서 태도를 지적하였습니다. 아주머니는 내가 책들을 호기심에서 "이리저리 뒤적이지 않고" 알맞은 속도로 책을 읽게 하려고 때로는 자애로움으로 때로는 권위로써 그리고 때로

---

13 알퐁스 도데, 앙드레 퇴리에, 빅토르 위고는 19세기 프랑스 소설가들로서 아름다운 문체를 구사했으며, 우리나라에는 특히 알퐁스 도데의 『별』, 『마지막 수업』 그리고 빅토르 위고의 『노틀담의 꼽추』, 『레미제라블』이 잘 알려져 있다.

14 19세기 후반에 활동한 독일 작가로 특히 유머러스한 『부흐홀츠 가족』 시리즈로 인기를 끌었다.

는 비꼬는 어조를 보이면서 간섭했습니다. 그러나 아무 소용이 없었습니다. 누구도 자신의 본성을 거스르기는 어렵습니다. 더군다나 집어삼킬 듯이 책을 읽으면서도 문체에 주의를 기울일 수 있다는 것, 다시 말해 잘 쓰여진 것인지 형편없는 문체인지는 금방 알아차릴 수 있다는 사실을 확신한 후로는 아주머니가 나의 독서 태도에 대해 갖고 있는 생각들은 더 이상 나의 마음을 뒤흔들지 못했습니다. 내가 급히 책을 읽으면서 문장이나 설명 전체를 건너뛰고 싶다는 유혹을 느낀다면, 그것은 바로 그 책이 형편없게 쓰여졌다는 평가를 내린 것입니다. 그러나 너무 재미가 있어 한 문장도 빠뜨리지 않고 읽어야 하는 경우는 좋은 문체의 글이라고 생각했던 것입니다. 나의 이러한 생각은 지금도 변함이 없습니다. 하지만 나는 아주머니에게 내가 가진 독서의 지혜를 주장하는 것은 피했습니다. 책 읽는 문제를 두고서 괜히 아주머니를 화나게 하고 싶지 않았기 때문입니다. 이 문제에 있어서만은 아주머니가 나를 완전히 장악하고 있었습니다. 내가 15분 정도 책을 더 읽을 수 있느냐, 없느냐 하는 것은 전적으로 아주머니에게 달려 있었던 것입니다.

아주머니는 내가 어린 나이에 신문을 들여다보는 것을 특히 좋지 않게 여겼습니다. 내가 신문을 읽을 수 있는 시간은, 저녁 식탁을 차리기 위해 식탁에서 하던 학교 숙제를 중단해야 하는 15분 남짓 정도였습니다. 그때 나는 '스트라스부르 포스트', '뮐하우젠일보', '뮐하우젠신보'를 집어들었습니다. 그런데 아주머니는 내가 신문 문예면의 연재소설 내지는 살인사건 같은 기사만 읽는다는 이유를 들어 신문 보는 것을 금하려고 했습니다. 그러나 나는 정치, 즉 시사적인 문제에 관심이 많다고 강조했습니다. 결국 이 문제는, 내가 열한 살 정도 되었을 때 루이즈 아저씨에게 알려졌습니다. 하루는 아저씨가 저녁 식사를 하면서, "어디 네가 정말 신문의 정치면을 읽는지 당장 시험해 보자"고 하셨습니다. 아저씨는 발칸 지역에서는 지금 어떤 군주가 어느 나라를 통치하고 있는지, 그 나라의 재상은 누구인지를 묻기 시작하셨습니다. 나는 프랑스에서 최근에 3개 부처가 통합된 일까지 말해야 했습니다. 마지막으로 나는 최근 독일 제국의회에서 오이겐 리히터가 했던 연설의 내용을 설명해야 했습니다. 구운 감자와 샐러드를 먹으면서 본 이 시험에서 나는 당당히 합격했습니다. 그러고 나서야 저녁 식사를 위해 식탁을 준비하는 시간뿐만 아니라 학교 숙제를 다 끝낸 다음에는 신문을 읽어도 좋다는 판결이 내려졌습니다. 나는 물론 이러한 기회를 이용해 문예면의 연재소설을 읽으면서 머리를 식히기도 했습니다. 하지만 내가 정말 관심을 가졌던 분야는 바로 정치 소식이었습니다. 이때부터 아저씨는 나를 성인으로 취급하면서 식사를 하는 동안 나와 정치에 관한 대화를 나누기 시작하셨습니다.

시사 문제에 대한 나의 관심은 어머니로부터 물려받은 것이었습니다. 어머니는 신문 읽는 것을 참으로 좋아하셨습니다. 어머니는 아주 경건한 분이었고 휴일 날 쉬는 것에 적극 찬성하셨지만, 크리스마스 다음 날이나 부활절 다음 월요일 그리고 성령강림절 다음 월요일에도 신문이 발행되지 않는 것은 못마땅하게 여기셨습니다.

그리하여 나는 이미 김나지움 9학년중학교 3학년-옮긴이이 되던 해부터 신문에 보도된 시사적인 사건들을 관심을 갖고 열심히 추적하면서 나름대로의 소견을 갖기 시작했습니다. 루이즈 아저씨가 들려주시는 예전에 일어난 사건들에 대한 이야기들은 매우 유익했습니다.

아저씨의 집에는 나 말고도 뮌스터 교회 목사님의 딸인 안나 셰퍼도 기숙하고 있었습니다. 그녀는 여자고등학교의 선생님이었습니다. 그녀는 총명하고 호감을 주는 성격의 소유자로, 본인이 예감했던 것보다 훨씬 더 나의 교육에 영향을 주었습니다.

나는 김나지움 동료였던 에두아르트 오스티에의 집에서 좋은 것을 많이 경험하였습니다. 그의 어머니는 아주 훌륭한 부인이셨습니다. 오스티에는 여러 해에 걸쳐 성령강림절 휴가 때면 귄스바흐에 있는 우리 집에서 지냈습니다.

나는 마티외 목사님의 집에도 드나들었습니다. 목사님의 아들은 개성적이면서도 훌륭한 인품을 갖고 있었는데, 나와 같은 학교에 다녔습니다. 그도 후에 나처럼 신학을 공부했습니다. 그는 지금 취리히의 한 남자고등학교에서 종교 수업을 담당하는 교사로 활동하고 있습니다. 그의 아버지 마티외 목사님은 놀라울 정도로 학식이 높고 책을 많이 읽으신 분이었습니다.

이 두 가정을 제외하고는 제대로 교류를 가진 집이 없었습니다. 조피 아주머니가 내가 "바깥으로 싸돌아다니는 것"을 좋아하지 않았기 때문입니다.

뮐하우젠으로 이사한 후 처음 몇 해 동안은 자연으로부터 단절된 것 같아 마음이 매우 아팠습니다. 한번은 햇살이 따스하게 비치고 마지막 눈도 녹아버린 3월 어느 날 오후에 간식을 먹고는 숙제를 하던 식탁에 앉아 동경에 가득 찬 눈으로 창밖을 바라보고 있었습니다. 이때 다림질을 하고 계시던 조피 아주머니는 내 마음에 무슨 생각이 일어나고 있었는지를 짐작하셨던 모양입니다. 아주머니가 나에게 "우리 산책 좀 할까"라고 말했을 때, 나는 잘못 들은 줄 알았습니다. 우리는 얼음 덩어리가 떠내려가는 운하의 다리를 건너서 렙베르크 산까지 올라갔습니다. 아주머니는 이제는 집으로 돌아가야 한다고 재촉하지 않으셨습니다. 어느덧 해가 지고 어둠이 내리고 나서 우리는 집으로 돌아왔습니다. 아주머니와 나는 산책하는 동안 서로 많은 말을 하지 않았습니다. 하지만 그 이후로 아주머니를 새로운 눈으로 보게 되었습니다. 이제는 나를 그렇게 엄하게 대하고, 때로는 지나치다 싶을 정도로 엄하게 훈육하셨던 아주머니도 마음이 따스하고 나의 동경을 이해한다는 것을 알았습니다.

학년이 올라가면서 수업이 없는 수요일 오후와 토요일 오후에는 혼자서 산책을 나가는 것도 허락받았습니다. 나는 언제나 남쪽으로부터 뮐우하젠을 아름답게 둘러싸고 있는 언덕에 올라 뮌스터란트 산간지방에 펼쳐져 있는 산들을 동경의 눈으로 바라보았습니다. 때로는 언덕 정상에서 손에 모자를 들고 바람에 흰 백발을 날리며 서 있는 한 노인 어른을 만났습니다. 나는 그분을 설교단에서 뵌 적이 있었습니다. 그분은 바로 알자스 출신의 시인이자 뮐하우젠에서 목사로 활동했던 아돌프 슈퇴버였습니다. 그분은 보통 야생화 한 다발을 꺾어들고 집으로 가셨습니다. 시간이 흐르면서 그분은 나를 알아보셨고, 때로는 동행하며 산책을 하는 것도 허락하셨습니다. 시인과 더불어 지낼 수 있게 되었다는 것은 나에게 큰 자부심을 안겨주었습니다.

반 친구였던 에두아르트의 어머니는 렙베르크 산에 큰 정원을 갖고 있었습니다. 이 정원에서 보냈던 많은 아름다운 시간들을 나는 결코 잊지 못할 것입니다.

나는 뮐하우젠의 김나지움으로 전학한 초기에는 결코 우등생에 속하지 못했습니다. 나는 여전히 몽상에 잘 빠지는 학생이었습니다. 내가 성적표를 가져올 때마다 부모님은 좋지 않은 성적에 수심이 가득하셨지만, 나는 더 좋은 성적을 받아야겠다는 의욕도 없었습니다. 결국 목사의 아들이었기 때문에 받을 수 있었던 무상교육의 혜택마저 박탈당할 지경에 이르렀습니다. 교장선생님은 아버지를 부르시고는, 나를 김나지움에 그만 다니게 하는 것이 좋겠다는 뜻까지 보이셨습니다. 그런데도 나는 여전히 몽상에서 깨어나지 못했고, 아버지에게 많은 근심을 끼쳐드린 것에 대해 별로 가책도 느끼지 않았습니다. 다만 아버지가 나를 심하게 야단치지 않으시는 것이 놀라울 뿐이었습니다. 아버지는 아들이 공부를 좀 못한다고 막 야단을 치시기에는 너무 인자하고 마음이 여린 분이셨습니다.

그런데 새로 오신 담임 선생님이 나의 구원자로 등장하셨습니다. 그분은 베만 박사님이셨습니다. 나는 여전히 몽상에 빠져있는 학생이었지만 며칠 지나지 않아 분명하게 깨달은 것이 있었는데, 그것은 이 선생님이 모든 수업을 정말 세심하게 준비하신다는 것이었습니다. 선생님은 해당 수업시간에 어느 정도의 분량을 다루어야 할지 정확히 알고 계셨고, 언제나 정확히 그것을 마치셨습니다. 선생님은 숙제 노트를 거두어가면 돌려주어야 하는 날 돌려주어야 할 시간에 정확히 돌려주셨습니다. 선생님의 모범적인 자기 규율은 나에게 깊은 인상을 주었습니다. 나는 이런 선생님의 마음에 들지 못하는 것은 정말 수치스러운 일이라고 생각했습니다. 선생님은 나의 귀감이 되었습니다. 성탄절을 앞두고 받은 나의 성적만 해도 너무 나빠서 어머니는 속이 상해 통통 부은 눈을 하고 성탄절 기간을 보내셔야 할 정도였습니다. 그러나 새해 들어 3개월 정도 지나 중간고사가 끝난 후 부활절 무렵에 받은 나의 성적은 상위권에 속하였습니다. 베만 선생님은 후에 뮐하우젠에서 탄과 자르게뮌트를 거쳐 스트라스부르로 전근가셨지만, 나는 계속해서 선생님을 찾아뵈었습니다. 선생님은 내가 선생님의 은덕을 얼마나 크게 입었는지를 알고 계셨습니다. 1차 대전이 끝나고 아프리카에서 돌아온 후 가장 먼저 찾아뵈었던 분 중의 하나도 바로 베만 선생님이었습니다. 이제는 선생님을 더 이상 찾아뵐 수 없습니다. 선생님이 어려운 시절에 기아에 시달리셨던 탓에 신경이 쇠약해져서 스스로 목숨을 끊으셨기 때문입니다. 나는 이 선생님을 만나면서 작은 일에도 최선을 다하는 성실한 책임감이 어떠한 훈계나 체벌보다도 더 큰 교육적 힘을 발휘한다는 귀중한 교훈을 얻었고, 후에 스스로 교육자로 활동하면서 이러한 교훈을 실천하고자 노력하였습니다.

나는 뮐하우젠 시절에 나에게 음악을 가르쳐주신 선생님께도 처음에는 별로 기쁨을 안겨드리지 못했습니다. 나를 가르치신 선생님은 베를린 음악대학을 나왔으며 개혁 교회인 성 슈테판 교회에서 오르간 연주자로 활동하신 오이겐 묀히 선생님이었습니다. 선생님은 "알베르트 슈바이처 때문에 정말 괴롭다"는 말씀을 자주 하셨습니다. 그 이유는 선생님이 숙제로 주신 피아노곡들을 제대로 연습하기보다는 주로 조피 아주머니가 숙제로 준 연습곡을 치거나 나름대로 즉흥적인 연습을 했기 때문이었습니다. 또 하나는 내가 선생님 앞에서는 제대로 감정을 담아 연주하는 것을 두려워했기 때문이었습니다. 나는 아름다운 음악작품에서 받았던 느낌들을 선생님 앞에서는 감히 표현하지 못했습니다. 아마 음악을 배우는 많은 학생들도 마찬가지일 것입니다. 이러한 나의 "무미건조한 연주"는 선생님을 화나게 만들었습니다. 내가 이러한 수줍음 탓에 선생님 앞에서 연습도 제대로 하지 않은 채 모차르트의 소나타 작품 하나를 또 기계적으로 연주했을 때, 선생님은 기분이 몹시 상하셔서 멘델스존의 피아노 작품 중 마 장조로 된 「무언가」의 악보를 주시면서 말씀하셨습니다. "너는 정말 아름다운 음악을 연주할 자격이 없어. 아마 이 무언가의 연주도 망치겠지. 음악적인 감정이 없는 사람에게 억지로 감정을 불어넣어 줄 수는 없지." 그때 나는 속으로 "선생님, 저도 감정이 있는 사람이라는 것을 보여드리지요"라고 말했습니다. 나는 우선 악보를 보면서 여러 번 쳐본 적이 있는 이 곡을 일주일 동안 열심히 연습했습니다. 나는 그때까지는 운지법을 제대로 배우지 못했지만, 스스로 최상의 운지법을 시험해보면서 이를 표기해 두었습니다. 다음 수업 때 나는 제대로 운지법을 써가며 연습곡을 만족스럽게 쳐 보이고 난 다음, 갑자기 충동을 느껴서 내 마음에서 감흥이 일어나는 대로 「무언가」를 연주해 보였습니다. 선생님은 별로 말씀은 없으셨지만 나의 어깨를 두드리시고는, 나에게 새로운 「무언가」 한 곡을 직접 연주해 보이셨습니다. 그러고 나서 나는 베토벤의 작품을 하나 받았습니다. 다시 몇 차례의 수업을 하고 난 후 이제는 바흐의 작품을 시작해도 좋다는 평가를 받았습니다. 그 후 다시 몇 번의 수업을 거쳐 견진성사를 받은 후에는 성 슈테판 교회의 크고 아름다운 오르간으로 오르간 수업을 받을 수 있는 길이 열렸습니다.

이로써 마음속에 조용히 품고 있었던 꿈 하나가 실현되었습니다. 나는 어릴 때부터 오르간 연주를 동경해 왔었습니다. 이러한 동경은 내 피 속에 흐르고 있었습니다. 외할아버지이신 뮐바흐 출신의 쉴링거 목사님은 오르간 연주와 제작에 깊이 몰두했던 분이셨습니다. 할아버지는 낯선 도시를 여행하게 되면, 가장 먼저 교회의 오르간을 찾아 보셨습니다. 스위스 루체른에 있는 신학교 부속교회에 유명한 오르간이 설치되었을 때는 오르간 제작 과정을 직접 보고 당시 오르간 제작의 거장 하스가 만든 오르간을 직접 시험해 보고자 그곳에 가셔서 며칠 동안 교회의 합창석에 머물러 계셨습니다. 할아버지는 아주 아름다운 선율을 즉흥적으로 연주하셨다고 합니다. 나의 아버지도 이러한 재능을 갖고 계셨습니다. 나는 어릴 적에 아버지가 저녁에 황혼이 깃들 무렵이면 외할아버지 쉴링거 목사님이 물려주신 오래된 타펠클라비어에 앉아 즉흥적으로 연주하는 것을 몇 시간 동안이나 듣곤 하였습니다. 그러나 아버지는 바흐의 음악은 전혀 좋아하지 않으셨습니다.

오르간 연주를 하신 일티스 신부님의 배려 덕분이기도 하지만 신부님도 가끔 자신을 대신할 연주자가 필요했으므로 나는 어렸을 때부터 귄스바흐 교회의 오르간을 접할 수 있었습니다. 9살이 되었을 때 나는 가끔 예배 때에 일티스 신부님 대신 오르간을 연주했습니다. 그리고 15살이 되었을 때는 오르간 음악의 거장인 오이겐 뮌히 선생님으로부터 3개의 건반열과 62개의 음전을 갖춘 오르간에서 숙련되게 페달을 밟는 법을 배울 수 있게 되었습니다. 내게 찾아온 행운은 주체할 수 없을 정도였습니다. 16살이 되면서 나는 오이겐 뮌히 선생님을 대신하여 예배 때에 오르간 연주를 했습니다. 곧이어 나는 처음으로 연주회에서 오르간을 연주하게 되었습니다. 선생님은 교회 합

17살 때, 알베르트, 파울, 마르게리테, 미상, 아델레, 루이제 (왼쪽부터)

창단과 함께 브람스의 레퀘엠을 지휘하시면서 나에게 오르간 반주를 맡겨주셨습니다. 그때 나는 처음으로 오케스트라와 합창 소리에 오르간 연주가 울려 퍼질 때의 환희를 알게 되었고, 이후로도 이러한 환희를 자주 맛보았습니다.

안타깝게도 뮐하우젠의 성 슈테판 교회에 있던 아름답고 고풍스런 오르간은 오이겐 뮌히 선생님이 세상을 떠나신 이후 너무 조야하게 수리되고 개조되어 지금은 옛날의 그 아름다운 소리를 완전히 잃어버렸습니다.

나는 견진성사를 앞두고 벤나겔 목사님이 가르치시는 수업에 참석하게 되었습니다. 나는 이 목사님에 대해 깊은 경외심을 갖고 있었습니다. 그러나 이 목사님에게도 나는 마음을 닫고 있었습니다. 나는 견진성사를 열심히 준비하는 학생이었습니다. 그러나 그 착하신 목사님은 내 마음에 어떤 생각이 일어나는지는 전혀 알지 못하셨습니다. 그리고 목사님의 훌륭한 수업도 내가 마음에 품었던 깊은 의문들에 대해서는 답을 주지 못했습니다. 내게는 정말 목사님께 물어보고 싶은 여러 가지 의문들이 있었습니다. 하지만 그것은 묻기에는 곤란한 질문들이었습니다.

나는 목사님을 마음 깊이 존경했지만, 한 가지 점에서는 목사님과 생각이 아주 다르다고 여겼습니다. 목사님은 우리가 생각하는 존재이기는 하지만 참된 믿음 앞에서는 생각을 중단해야 한다는 점을 가르쳐주고자 하셨습니다. 그러나 나는 그때나 지금이나 기독교의 근본사상이 되는 진리는 우리가 정말 깊이 숙고함으로써 더욱 견고해진다고 확신하고 있습니다. 나는 우리가 생각할 수 있는 능력을 부여받았기 때문에 가장 고상한 종교적 사상을 포함해 모든 것을 이해할 능력이 있다고 보았습니다. 내 마음의 이러한 확신은 나에게 기쁨을 가져다 주었습니다.

벤나겔 목사님은 견진성사 수업이 끝나가는 몇 주 동안은 수업을 마치신 후에 우리 중에 몇 명을 남게 하여 개별적으로 견진성사와 관련해서 면담을 하셨습니다. 내 차례가 되어 목사님이 어떤 생각과 결단을 갖고 견진성사의 거룩한 시간을 준비하고 있는지 물었을 때, 나는 말을 더듬거리면서 마음속의 생각을 털어놓는 것을 피하였습니다. 목사님을 아주 좋아하기는 했지만 목사님께 내 마음의 깊은 생각을 드러내 보이는 것은 있을 수 없는 일이라고 생각했습니다. 목사님과의 대화는 결국 비극적으로 끝났습니다. 목사님은 담담하게 나와의 면담을 끝내셨습니다. 나중에 목사님은 조피 아주머니에게 내가 아주 냉담한 자세로 견진성사를 받는다고 전했습니다. 하지만 사실 나는 견진성사 주간의 거룩한 시간에 혼자서는 감당할 수 없을 정도로 큰 감동을 받았습니다. 견진성사는 나에게 대단한 체험이었습니다. 그리스도의 수난주일에 견진성사를 받는 우리가 무리를 지어 성구실에서 나와 교회로 들어가는 동안 오이겐 뮌히 선생님은 오르간을 치시면서 헨델의 '메시아' 중 합창 부분인 "문들아 너희 머리를 들라"^{시편 24장 7-10절 – 옮긴이}를 연주하셨습니다. 이 합창은 놀라울 정도로 내 마음의 생각들을 잘 드러내주고 있었습니다.

나는 후에 스트라스부르에 있는 성 니콜라이 교회의 부목사로 십여 년간 아이들에게 견진성사를 위한 수업을 한 적이 있습니다. 나는 나에게 냉담해 보이는 아이가 있을 때마다 존경하는 벤나겔 목사님과 당시의 나를 생각하면서 언제나 스스로에게 어린아이의 마음에는 우리가 예감하는 것보다 더 많은 일이 일어날 수 있다고 말했습니다. 그리고 나는 수업을 할 때에도 가능하면 아이들이 자신들이 가진 의문을 그대로 나에게 이야기할 수 있도록 배려하고자 했습니다. 그래서 한 달에 두 번은 아이들이 궁금해하는 것들에 대해 질문하고 답변하는 시간을 가졌습니다.

밀하우젠에 살게 된 후 처음 몇 해 동안은 고향 귄스바흐 교회에 대한 향수로 인해 마음 고생을 하였습니다. 나는 아버지가 하시던 설교와 어릴 때부터 친숙했던 예배가 그리웠습니다. 어릴 때 아버지에게서 들은 설교는 나에게 큰 감화를 주었는데, 그것은 단상에서 하시는 많은 설교가 바로 아버지의 직접적인 체험에서 우러나온 것임을 알았기 때문입니다. 나는 매주 일요일마다 사람들에게 자기의 마음을 열어보이는 것이 아버지에게 얼마나 많은 노력과 투쟁을 의미하는 것인지 깨닫게 되었습니다. 나는 고향마을의 초등학교에 다니던 시절 아버지가 하셨던 설교를 지금도 또렷이 기억하고 있습니다.

내가 가장 좋아했던 예배는 일요일 오후에 드리는 예배였고, 나는 어릴 때 귄스바흐에 사는 동안 이 예배를 거의 한 번도 거르지 않았습니다. 이 경건한 예배시간에 아버지의 소박한 설교 방식은 잔잔한 감동을 주었습니다. 그리고 휴일이 끝나가고 있다는 안타까운 마음으로 인해 주일 오후에 드리는 이 예배는 나에게 더욱 신성한 시간으로 느껴졌습니다.

어릴 적부터 예배에 참석하면서 내 안에서 무엇보다 숭고한 것에 대한 감수성과 더불어 내면의 평화와 평정에 대한 갈구가 생겨났습니다. 이런 것이 없었다면, 현재의 나의 인생을 생각하기 어려울 것입니다. 그래서 나는 아이들이 충분한 이해력을 가질 때까지는 성인들이 드리는 예배에 참석하게 해서는 안 된다는 사람들의 의견에 동의할 수 없습니다. 중요한 것은 이해력이 아니라 숭고한 것을 체험하는 것입니다. 아이들이 어른들의 경건한 모습을 보고서 감동을 받는 것은 아주 소중하고 의미 있는 일입니다.

내가 선교에 관심을 갖게 된 것도 고향 귄스바흐 교회의 일요일 오후 예배로 거슬러 올라갑니다. 아버지는 매달 첫 번째 주일 오후에는 선교를 위한 예배를 드렸습니다. 이 예배에서 아버지는 선교사들의 삶과 활동에 대해 이야기하셨습니다. 한번은 아버지가 몇 주에 걸쳐 아프리카 '바수토'에서 선교사로 활동했던 카살리스[15]의 회상록을 읽어주셨습니다. 아버지는 이를 위해 프랑스어로 씌어진 회상록을 독일어로 번역하셨습니다. 카살리스의 회상록은 나에게 큰 감명을 주었습니다.

나의 어린 생각을 멀리 떨어져 있는 세계로 이끌었던 사람으로는 선교사 카살리스 외에도 콜마르 출신으로 미국 뉴욕항에 있는 자유의 여신상을 만든 조각가 바르톨디가 있습니다. 콜마르의 옥수수 들판에 서 있는 프랑스 장군 브뤼아의 동상에는 흑인 하나가 조각되어 있는데, 이 흑인 조각은 아마도 바르톨디가 끌로 조각한 가장 인상적인 작품 가운데 하나일 것입니다. 그것은 건장하지만 생각에 잠겨 슬픈 얼굴 표정을 하고 있는 모습의 흑인입니다. 이 흑인은 나에게 많은 생각을 불러일으켰습니다. 나는 콜마르를 방문할 기회가 있을 때면 자주 이 흑인 조각상을 찾았습니다. 그의 얼굴 표정은 나에게 이 암울한 대륙의 비참함에 대해 말해주었습니다. 나는 지금도 콜마르를 방

---

[15] 19세기 중엽 남아프리카 지역 선교에 나섰던 프랑스 선교사.

어린 슈바이처에게 깊은 인상을 남겼던 흑인 조각상

문하면, 이 흑인 조각상을 찾습니다.

내가 뮐하우젠에서 학교를 다니던 시절에 고향 귄스바흐에서의 주일을 그리워하게 된 데는 예배를 드렸던 공간도 중요한 역할을 했습니다. 뮐하우젠에 새로 지은 교회는 아름답기는 했으나 성단소[16]가 따로 없어 나에게는 아주 썰렁한 느낌을 주었습니다. 그런데 고향 귄스바흐 교회에서 나는 가톨릭 교회의 성단소를 보면서 경건한 몽상에 잠기곤 했습니다. 귄스바흐 교회 건물은 개신교 예배와 가톨릭 전례 양쪽 모두를 위해 사용되었습니다.

알자스 지방이 루이 14세 치하에서 프랑스령이 되었을 때, 루이 14세는 개신교도들이 굴욕감을 가지도록 개신교도들이 주로 사는 마을에도 가톨릭 신자가 일곱 가정만 있으면 가톨릭 신자들을 위해 성단소를 마련하도록 지시했습니다. 그리고 이러한 마을의 교회에서는 매주 일요일 일정한 시간에 가톨릭 신자들이 미사를 볼 수 있도록 해야 했습니다. 그 결과 알자스 지방의 여러 교회는 개신교 교회이지만 동시에 가톨릭 교회로 사용되었습니다. 19세기 후반에 접어들면서 어떤 마을에서는 가톨릭 신자들을 위해 따로 교회를 만들어 주기로 결정을 내려 이러한 교회의 수가 다소 줄어들기는 했습니다. 하지만

---

[16] 가톨릭 교회의 건물에서 동쪽, 다시 말해 앞 쪽에 위치한 제단과 그 주변의 특별한 공간을 가리키며, 개신교회의 건물에서는 이 위치에 오르간과 성가대가 들어서는 경우가 많다.

권스바흐를 비롯한 일부 지역에는 교회가 아직도 개신교와 가톨릭이 공동으로 사용하는 형태로 남아 있습니다.

내가 체험한 가톨릭 교회의 성단소는 나의 어린 상상력에 영광의 총체로 다가왔습니다. 황금색의 칠을 한 제단과 그 위를 장식한 화려한 인조 꽃다발, 장엄한 느낌의 초들이 꽂혀 있는 대형 금속 촛대들, 제단 위쪽 두 창문 사이의 벽면에 있는 요셉과 동정녀 마리아를 묘사해 놓은 황금색의 조각상들, 이 모든 것은 성단소 창문을 통해 들어오는 빛에 감싸여 경건한 분위기를 연출했습니다. 교회의 성단소 창문 밖으로 보이는 나무와 지붕들, 구름과 하늘은 교회의 성단소를 무한히 뻗어나가게 했으며 은은한 광채에 휩싸이게 했습니다. 이렇게 하여 나의 시선은 유한한 것에서 무한한 것으로 옮겨갔습니다. 내 영혼에는 고요와 평화가 넘쳐났습니다.

내가 개신교 형태의 교회 건물을 추구하는 노력에 대해 이해심을 보이기 어려운 이유는 바로 어린 시절의 이러한 추억들과 관련이 있습니다. 나는 현대 건축가들이 "말씀을 전하는 교회"라는 이상을 구현해야 한다는 생각에 사로잡혀 건축한 교회들을 보면 마음이 아픕니다. 교회는 설교를 듣는 공간 이상을 의미합니다. 교회는 경건의 장소입니다. 교회 건물은 그 자체로 경건을 유도하는 공간이어야 합니다. 그런데 사방을 둘러보아도 차가운 벽에만 시선이 부딪히는 교회는 이러한 공간의 역할을 하기가 어렵습니다. 우리의 눈은 외부의 관찰에서 내적인 관조로 나아가도록 하는 경건한 분위기의 배경을 필요로 합니다. 따라서 성단소는 반드시 가톨릭적인 것이라고 할 수 없으며 교회의 본질에 속하는 것입니다. 개신교의 예배가 본질적으로 담백한 측면이 있다고 해도 교회의 공간까지 그렇게 되어야 하는 것은 아닙니다. 교회 공간은 예배를 보완해주고, 말씀과 찬송 그리고 기도와 더불어 영혼이 온전한 체험을 하는 공간이 되어야 합니다.

내가 개신교와 가톨릭이 공동으로 사용하는 교회에서 얻은 또 한 가지 인생의 교훈은 종교적 화해입니다. 프랑스의 절대 군주 황제 루이 14세의 일시적 기분에서 생겨난 개신교-가톨릭 공동의 교회는 나에게는 특이한 역사적인 현상 이상을 의미합니다. 이 공동의 교회는 교파의 차이라는 것이 언젠가는 사라져야 할 것이라는 상징으로 다가옵니다. 나는 이미 어린 시절에 가톨릭 신자들과 개신교 신자들이 같은 교회에서 예배드리는 것을 아름다운 것으로 느꼈습니다. 지금도 나는 이 교회에 발을 들여놓을 때마다 기쁨을 느낍니다. 나는 개신교와 가톨릭이 공동으로 사용하는 알자스 지방의 교회들이 미래의 종교적 화해를 예언하고 촉구하는 공간으로 계속 남아 있기를 희망합니다. 우리가 참된 그리스도인이라면 이러한 화해를 추구해야 할 것입니다.

교회를 공동으로 사용할 때 생겨나는 어려움들은 알자스에서의 경험들이 보여주듯이 개신교와 가톨릭 양측에서 다소 선한 의지만 보이면 평화적으로 해결될 수 있는 것입니다. 물론 화를 잘 내는 두 성직자가 같은 교회 건물을 공동으로 사용해야 하는 경우에는 이러한 공존은 화해의 열매를 거두기보다는 불화의 씨앗이 될 수도 있습니다. 예를 들어 18세기에 한번은 알자스 저지대에 위치한 한 마을의 교회에서 성령강림절을 맞아 하필이면 가톨릭 신부가 미사를 집전하는 시간에 개신교 목사가 같은 공간에서 설교를 하는 일도 있었습니다. 두 성직자가 교회를 이용하는 시간을 두고 합의를 할 수 없었던 것입니다.

권스바흐 교회에는 내가 그 황금빛의 찬란함을 보고 감탄했던 제단이 이제는 없습니다. 예술에 조예가 깊은 뮌스터 출신의 한 신부님의 주도로 옛날의 그 제단 대신에 중앙에 화려한 대제단이 생겨났기 때문입니다. 벽면에 있는 마리아와 요셉의 조각상은 새로운 제단에 가리워져 성단소 창문 사이로 비치는 빛에 휩싸일 수 없게 되었습니다. 이 두 조각상은 지금은 성단소 옆의 벽면 사이에 위치하게 되었습니다. 그래서 두 조각상은 앞 쪽에서 교회를 내려다보며 축복하는 모습이 아니라 서로 마주보는 자세를 하고 있습니다. 아울러 마리아 조각상은 이제는 아름다운 황금빛이 아니라 조각상에 부과된 양식에 맞게 적색, 녹색, 청색의 옷을 입어야 했습니다.

나는 요즘도 고향 퀸스바흐 교회에 가면 자리에 앉아 두 눈을 감고 한때 나를 그렇게 매혹시켰던 소박한 영광을 발하던 성단소를 떠올려 봅니다. 그리고 생각에 잠겨 과거를 돌아보면 한때 살아 있었지만 지금은 공동묘지로 옮겨진 사람들의 모습도 떠오릅니다. 나와 함께 경건한 시간을 가졌던 고인들에 대한 추억은 지금도 고향 마을의 교회에서 예배를 드릴 때 가장 감동을 주는 것에 속합니다. 우리는 모두 같은 장소에서 함께 예배를 드렸습니다. 남자들은 모두 검은색의 정장을 입고, 여자들은 소박한 뮌스터탈의 전통 복장을 한 모습이었습니다. 그분들은 복장이나 예배를 보는 자세 그리고 천성에서 새로운 세대인 우리보다 얼마나 더 경건한 분들이었는지요!

그때 교회에 '밋치'라는 이름의 노인 한 분이 계셨는데, 귀가 먹어 설교는 전혀 듣지 못하는 어른이었습니다. 그러나 그 노인은 일요일이 되면 어김없이 자신의 자리에 가서 앉았습니다. 아버지가 한번은 노인에게 제대로 듣지도 못하시면서 예배에 참석하시는 것이 안스럽다고 말하자, 노인은 미소를 지으며 머리를 가로저었습니다. "목사님, 정말 중요한 것은 성도들이 교통하는 것이지요."

나는 김나지움에서 새로 담임으로 부임하신 베만 박사님 덕택에 몽상에 빠져 지내는 삶의 태도를 벗어난 이후에는 최상위 그룹에 속하지는 못했지만 우수한 학생이 되었습니다. 내가 정말 재능을 보였던 과목은 역사 과목뿐이었습니다. 언어나 수학 과목에서는 내가 투자한 노력에 상응하는 정도의 성과만을 거두었습니다. 하지만 역사 과목만은 별 노력을 기울이지 않고도 잘 해냈습니다. 여기에는 나의 독서열이 시간이 지나면서 역사와 관련된 책들에 집중된 것도 중요한 역할을 했습니다. 그리고 다행스럽게도 역사를 담당하신 카우프만 교수님은 이 분야에서 저명한 연구가이셨습니다. 카우프만 교수님은 내가 김나지움 상급반에 올라가자 나를 가르치는 학생으로서가 아니라 친구처럼 대해 주셨습니다. 나는 그분이 타계하실 때까지 그분과 지속적으로 교류를 가졌습니다. 역사 외에도 나를 매혹시킨 것은 자연과학 수업이었습니다. 우리는 이 분야에서도 아주 유능하신 푀어스터 박사님을 선생님으로 모셨습니다. 푀어스터 박사님은 물리와 화학 과목에서는 결코 뛰어났다고 말하기 어려웠습니다. 박사님의 전문 분야는 지질학이었습니다. 내 기억이 틀리지 않다면, 박사님은 인도네시아의 수마트라 섬에서 지질학적 과제를 해결하기 위해 상당히 오랫동안 휴직을 하기도 하셨습니다.

   푀어스터 박사님이 칠판에 화학 공식이나 물리 공식을 전개시켜 나가는 것을 보면, 박사님도 특별히 수업을 위해 이러한 공식들을 외우

셨다는 것을 쉽게 알아차릴 수 있었습니다. 그러나 이때문에 박사님의 권위가 손상되지는 않았습니다. 박사님의 수업은 잘 준비된 수업이었기 때문에 언제나 훌륭했습니다. 그런데 유감스럽게도 당시 김나지움에서는 자연과학 과목에 배당된 수업시간이 너무 적었습니다.

자연과학 과목은 내게 왠지모르게 매혹적인 분야였습니다. 나는 인간이 자연에서 일어나는 현상을 정말 조금밖에 이해하지 못하고 있는데도, 사람들이 우리에게 이러한 사실을 제대로 말해주지 않는다는 느낌을 떨쳐버릴 수가 없었습니다. 나는 특히 자연과학 교과서에 나오는 설명들을 무척 싫어했습니다. 암기하기 좋게 꾸며진 단정적인 설명들은 내가 보기에도 상당히 구태의연한 것이어서 결코 만족을 주지 못했습니다. 교과서에서 바람, 비, 눈, 우박, 구름의 형성, 건초에 자연발생적으로 불이 나는 현상, 계절풍, 멕시코만류, 천둥과 번개와 같은 것에 대해 이제 충분한 설명이 이루어졌다는 식으로 서술한 것이 내게는 우스꽝스럽게 보였습니다. 특히 빗방울과 눈송이, 우박의 형성은 내게는 계속 자연의 신비로 남아 있습니다. 사람들이 자연의 절대적인 신비는 인정하지 않고, 단정적으로 모든 설명이 이루어졌다고 말을 할 때는 속이 상했습니다. 그러한 설명은 보다 깊이 있고 통찰력 있는 기술을 통해서만 이해 가능한 자연의 신비를 더욱 신비롭게 만들 뿐이었습니다. 자연에서 힘과 "생명"이라고 불리는 현상은 본질적으로 항상 설명될 수 없는 것으로 남게된다는 사실을 나는 이미 당시에 명료하게 느꼈습니다.

그래서 나는 우리 주변에 존재하는 수많은 기적들에 대한 꿈에 빠져들기 시작했습니다. 다행히도 이 새로운 꿈은 이전의 생각 없이 빠져들던 몽상과는 달리 나의 학교 공부에 방해가 되지는 않았습니다. 이 꿈은 지금까지도 나를 지배하고 있으며, 더욱 크게 자라나고 있습니다. 식사를 하다가 유리물병 속에서 오색으로 부서지는 빛을 바라보고 있노라면, 주위의 모든 것을 잊게 되는 경지에 이르러 이러한 환상적인 순간에서 깨어나지 못할 때가 많습니다.

이와 같이 역사와 자연에 대한 애정은 나에게는 긴밀한 관련이 있었습니다. 나는 역사적인 사건 역시 비밀로 가득 찬 것이며 과거를 온전하게 이해하는 것은 영원히 단념해야 한다는 사실을 점차적으로 깨닫게 되었습니다. 역사에 있어서도 우리는 단지 사건에 대해 어느 정도의 통찰력 있는 기술만을 할 수 있을 뿐입니다.

시를 "자세하게 뜯어 분석하는" 수업시간도 내게는 학창 시절 내내 견딜 수 없었던 시간들이었습니다. 어떤 시에 대해 설명을 해줌으로써 시에 접근하게 할 수 있다고 여기는 것은 정말 좋지 않은 것이며 억지라고 생각했습니다. 사람들은 시에 대해 설명을 가함으로써 오히려 나를 사로잡았던 시인의 작품이 주는 감동을 파괴할 뿐이었습니다. 나는 지금도 시에 대해서는 어떤 설명을 가해서는 안 된다고 생각합니다. 시는 체험적으로 느껴야 하는 것입니다. 그래서 나는 시를 다루는 시간에 아주 주의력이 산만한, 반항적인 학생으로 변했습니다. 나는 고분고분히 수업을 따라가는 대신에 교과서를 이리저리 뒤적이면서 다른 사람의 도움을 받지 않고 혼자 시 작품이나 나를 매료시킨 문학작품에 심취하였습니다. 나는 마치 바깥 거리의 소음에 창문을 닫은 것 같은 기분이었습니다.

　호머의 작품은 나에게 아무런 감동을 주지 못했습니다. 특히 수업시간에 등장하는 영웅들과 신들의 부모, 조부모, 아저씨와 아주머니, 조카가 누구인지를 알아야 한다고 했을 때는 호머에 대해 완전히 질려 버리고 말았습니다. 등장하는 인물이나 신들의 계보나 친척 관계를 파악하는 것은 결코 내가 흥미를 가지는 분야가 아니었습니다.

14살부터 약 16살까지는 불유쾌한 성장의 과정을 거치기도 했습니다. 나는 토론을 하고 싶은 충동으로 인해 모든 사람들, 특히 아버지에게 골칫거리가 되었습니다. 나는 누구든지 만나기만 하면 현안이 되고 있는 문제들에 대해 인습적인 견해가 갖고 있는 오류들을 밝혀내고 올바른 견해를 관철시키기 위해 문제에 보다 깊이 파고드는, 이성적인 토론을 벌이려고 덤벼들었습니다. 나는 참된 것과 합목적성

성 토마스 신학원 기숙사 앞에서 (20대 무렵)

을 추구하는 데서 오는 희열에 열광적으로 빠져들었습니다. 나는 대화를 나누면서 사물의 근본까지 파고들어야만 직성이 풀렸습니다. 나는 이전의 폐쇄적 태도에서 벗어나, 단지 재미만을 추구하는 사교적인 대화에서도 분위기를 망치는 사람이 되었습니다. 내가 뮐하우젠과 귄스바흐의 식탁에서 대화를 나누면서 얼마나 자주 이상한 방향으로 대화를 끌고 나갔는지 모릅니다. 조피 아주머니로부터는 어른들과 이야기를 하면서 마치 동년배와 대화하는 것처럼 행동한다며 무례하다는 야단을 맞기도 했습니다. 그리고 아버지와 함께 누군가를 방문하게 되면, 나는 아버지에게 대화할 때 "어리석은 태도"를 보여 또다시 하루를 망치지 않겠노라고 미리 약속을 드려야 했습니다.

실제로 나는 어설프게 교육을 받은 사람처럼 다른 사람들에게 참기 어려운 존재가 되어 있었습니다. 그러나 나의 이러한 태도는 단순히 나의 의견이 옳다고 주장하려 한 것이 아니라 사색에 대한 그리고 다른 사람들과 더불어 참된 것과 합목적성을 추구하고 싶은 열정에서 비롯된 것이었습니다. 쉴링거 외할아버지의 계몽의 정신이 내 안에서 눈을 뜬 것이었습니다. 나는 인습적인 생각이나 아무 생각도 갖지 않는 태도 대신에 이성적인 것이 들어서야만 인류의 진보가 가능하다는 확신에 사로잡혀 있었는데, 이러한 확신이 먼저 돌발적이고 유쾌하지 않은 방법으로 표출되었던 것입니다.

포도주의 숙성에 비유하자면, 나는 이렇게 요란한 발효를 거쳐 정화되었습니다. 사실 나에게는 지금도 옛날 그 모습이 남아 있습니다. 사색을 통해 참된 것과 합목적성에 이르고자 하는 정열을 버리게 되면, 이는 자신을 스스로 포기하는 것이라고 생각합니다. 그래서 사실 나는 지금도 그 당시와 마찬가지로 다른 사람들에게 거북스러운 존재입니다. 다만 지금은 가능하면 더 이상 사람들에게 성가신 존재가 되지 않기 위해 내가 가진 계몽의 정신을 사교 생활에 필요한 예절에 부합시키고자 노력합니다. 나는 이제는 단지 대화 자체를 위한 가벼운 대화에는 참여하기만 하고 다른 사람들이 생각 없이 말하는 것도 흥분하지 않고 들어주는 자제심을 갖고 있습니다. 천성적으로 타고난 내성적 기질은 나로 하여금 다시 훌륭한 교양을 갖춘 사람이 되어 이러한 태도를 보이도록 하는 데 도움을 주었습니다.

하지만 나는 지금도 속으로는 얼마나 자주 흥분을 하게 되는지요! 나는 사람들이 진지한 사안을 놓고 진지하게 논의를 하거나 스스로 노력하고 인내하며 소망을 갖고 믿음을 가진 사람들로서의 자세를 보이는 대신에 서로 함께하는 많은 시간을 의미 없이 허비하는 것을 보면 참으로 마음이 아픕니다. 가끔은 얼굴에 가면을 걸치고 그러한 장소에 가만히 앉아있는 것이 좋지 않게 생각되기도 합니다. 때로는 어느 선까지 자신의 진실을 희생하지 않으면서 교양 있는 척하는 태도를 취해야 하는지 자문하곤 합니다.

    나는 지금도 생각을 가진 인간으로서 서로 격의 없이 토론할 수 있는 사람을 만나게 되면 그때와 마찬가지로 열정을 갖고 이러한 사람들과의 만남을 즐깁니다. 한편 아주 젊고 진지한 토론가를 만나더라도 유리하게 또는 불리하게 작용할 수도 있는 연령의 차이 같은 것은 접어두고 흔쾌히 대결에 나섭니다.

    김나지움 시절 나에게 가장 깊은 인상을 남긴 분은 내가 상급반에 진학했을 때에 뮐하우젠으로 전근오셨던 빌헬름 데케 교장 선생님이셨습니다. 교장 선생님은 독일 북부 도시인 뤼벡 출신이셨는데, 선생님의 다소 경직된 태도는 처음에는 낯설게 느껴졌습니다. 하지만 우리는 선생님의 태도에 금방 익숙해졌습니다.

    새로 오신 교장 선생님은 훌륭한 교육자이셨고, 박학다식한 문헌학자였으며, 깊은 심성의 소유자였습니다. 우리는 교장 선생님이 우리에게 단지 지식만을 전수해 주시려는 것이 아니라 우리를 참된 사람으로 양육하고자 하신다는 것을 느꼈습니다. 교장 선생님이 소신대로 발언을 하다가 당시 프로이센의 총독 만토이펠 장군의 미움을 사게 되어 뮐하우젠으로 전근해왔다는 것을 우리는 막연하게나마 알고 있었습니다. 뮐하우젠에 있는 김나지움의 교장 자리는 사실 그에게는 유배지나 다름없었습니다. 교장 선생님은 훨씬 차원 높은 현안들에 대해 생각하고 계셨을 텐데도 언제나 활달한 모습이셨고, 수업에 헌신적으로 열정을 쏟으시는 모습은 우리로 하여금 경탄을 자아내게 하였습니다. 교장 선생님은 우리에게 현대적인 모습을 한 스토아 학파[17]의 철학자 같은 분이셨습니다. 교장 선생님이 시인 가이벨[18], 역사학자 몸젠[19]을 비롯한 여러 유명인사들과 친교를 가졌으며 고대 그리스의 비문과 에트루리아[20] 유물에 관한 권위자였다는 사실은 학생으로서 선생님에 대해 특별한 존경심을 갖게 해주었습니다. 선생님은 설명을 하시는 중간에 다루고 있는 내용과 어떻게든 연관이 있는 모든 주제와 문제를 조망해보게 함으로써 수업에 묘미를 더하셨습니다. 나는 선생님이 우리와 함께 플라톤의 저서를 읽으면서 철학이라는 것을 알게 해준 시간들을 잊을 수가 없습니다. 선생님은 특히 철학자 쇼펜하우어를 좋아하셨습니다.

우리가 김나지움을 졸업하고 나서 얼마 지나지 않아 선생님은 다

---

17 그리스의 철학자 제논이 창시한 후 로마시대에 이르기까지 유행한 철학의 유파로 이성을 중시했으며 금욕주의와 덕의 실천을 통해 행복에 도달할 수 있다는 주장을 폈다.
18 19세기 독일 뤼벡 출신의 서정시인.
19 19세기 독일의 역사가로 현대 로마사 연구의 기초를 확립한 작품으로 알려진 『로마사』를 집필했다.
20 이탈리아 중부에 위치한 지방으로 고대 로마의 법률, 건축, 종교 문화에 영향을 주었던 '에트루리아 종족'이 살았던 지역.

시 정당한 평가를 받게 되는 시절을 맞았지만 안타깝게도 위암으로 타계하셨습니다.

전반적으로 밝게 생활할 수 있었던 나의 청소년 시절에도 한동안 그림자가 드리워진 적이 있었습니다. 자녀를 다섯이나 둔 시골 목사의 집에 경제적인 어려움이 찾아든 것입니다. 어머니는 가능한 모든 부분에서 절약하셨습니다. 나 자신도 김나지움을 다니는 뮐하우젠에서 최대한 아끼며 생활했습니다. 어느 가을에는 어머니가 내 겨울 양복이 작아져 새 양복이 하나 필요하겠다고 말씀하셨지만, 나는 완강히 부인하였습니다. 하지만 나는 줄어든 겨울 양복을 더 이상 입을 수가 없어 노란색의 여름 양복을 걸치고 다녔습니다. 조피 아주머니는 심신의 단련을 위해 좋다고 생각하셨으므로 내가 이렇게 하는 것을 내버려두었습니다. 급우들에게 돈 한 푼 벌지 못하는 무일푼의 극빈자 취급을 받기도 했지만, 나는 사내아이로서의 자존심을 갖고 어머니의 근심을 덜어줄 수 있다는 생각에 버틸 수 있었습니다.

나중에 어머니가 하신 말씀에 따르면, 생활비를 아끼기 위해 버터 대신에 식물성 기름을 써서 요리를 하셨다고 합니다. 1880년대 당시만 해도 식물성 기름은 지금과 같이 흠잡을 데 없는 품질의 것이 아니어서 먹고 나면 뒷맛이 개운치 않았습니다. 어머니는 아버지가 당시 위통에 시달린 것이 바로 식물성 기름을 사용한 탓이라고 여겼습니다. 아버지는 스트라스부르의 습기찬 침상에서 얻은 관절염으로 더욱 쇠약해지셨습니다. 이렇게 우리 가정에는 몇 주, 몇 달에 걸쳐 슬픈 기간이 찾아들었습니다. 내 기억 속에는 당시에 울어서 퉁퉁 부은 어머니의 눈이 그대로 남아 있습니다.

아버지의 건강은 내가 견진성사를 받을 무렵 호전되기 시작했습니다. 여러 주변 건물에 둘러싸여 다소 습기 찬 낡은 목사관에서 햇볕이 비치는 정원이 딸린 새로운 목사관으로 옮겨간 것이 크게 도움이 되었습니다. 우리 가족이 1880년대 말에 이사한 이 새로운 목사관은 원래 오래된 집이었지만 옛날 귄스바흐의 목사의 아들이었던 아돌프 뮐러가 엔지니어로서의 활동을 청산하고 귀향해서 살고자 손수 개조하여 거주하기에 편안한 공간으로 만든 집이었습니다. 그는 죽으면서 이 집을 귄스바흐 교회의 목사관으로 기증했습니다. 이 목사관에는 19세기 중반에 지어진 두꺼운 벽으로 된 지하실이 있어서 전쟁 당시 모든 이웃 사람들이 폭격을 피하는 피난처가 되기도 했습니다.

아버지는 고령이 되시면서 더욱 정정해지셨습니다. 아버지는 전쟁 당시 70세의 나이로 적군의 포격 속에서도 자신이 봉사해온 교회를 지키셨고, 80세를 바라보는 지금까지도 목사직을 수행하고 계신데, 얼마 안 있으면 귄스바흐에서 50년을 봉사한 셈이 됩니다. 어머니는 1차 대전 중에 귄스바흐에서 바이어로 가는 계곡의 도로에서 군마軍馬에 치여 돌아가셨습니다. 그리고 우리 가족은 세월이 흐르면서 돈 걱정에서도 벗어나게 되었습니다. 외가 쪽으로 자녀가 없는 먼 친척인 바셀른하임 출신의 파비안 부인이 돌아가시면서 우리에게 적으나마 유산을 물려주었기 때문이었습니다.

이렇게 되어 내가 아직 김나지움에 다니던 마지막 몇 해 동안 우리 가정에는 다시 햇볕이 가득 비추었습니다. 가족들은 모두 건강했고, 정말 화목한 시절을 보냈습니다. 부모님과 자녀들의 관계는 이상적이라 할 만했는데, 이는 부모님이 모든 문제에서, 심지어 우리가 어리석은 모습을 보일 때에도 자녀들에 대해 큰 이해심을 보여주신 덕분이었습니다. 부모님은 우리가 자유를 누릴 수 있도록 양육하셨습니다. 내가 다른 사람들을 힘들게 하는 논쟁을 포기한 이후로 우리 집에서는 흔히 다른 집에서 가정의 행복을 파괴하는 이른바 아버지와 성장한 아들 간의 갈등은 한 번도 없었습니다. 아버지는 나에게 언제나 가장 좋은 친구이셨습니다.

우리는 부모님이 우리에게 방학이 되면 집안이 가득 찰 정도로 학교 친구들을 집으로 데려오는 것을 허락하신 것을 특히 관대한 조치라고 여겼습니다. 우리가 마구 어지럽힌 것들을 어머니가 어떻게 잘 정리하실 수 있었는지는 지금도 수수께끼입니다.

내가 아주 행복한 청소년 시절을 누릴 수 있었던 특별한 은혜를 받았다는 생각은 나를 떠나지 않았습니다. 이러한 생각은 나에게 커다란 부담감도 주었습니다. 내가 이러한 행복을 당연한 것으로 받아들여도 좋은 것인가 하는 의문이 생겨났습니다.

따라서 인간이 행복을 누릴 수 있는 권리에 대한 문제는 나에게 또 하나의 큰 체험이 되었습니다. 이러한 질문은 내가 어렸을 적부터 늘 해왔던 생각, 즉 우리 주변의 세상을 지배하는 고통에서 받은 충격과 더불어 제기되었습니다. 이 두 가지 체험은 서서히 서로 연결되어, 결국은 나의 인생관과 내 삶의 운명을 결정하였습니다.

나의 행복한 청소년 시절, 나의 건강과 재능을 당연한 것으로 받아들일 권리가 내게는 없다는 사실을 점차 확실히 깨닫게 되었습니다. 깊은 행복감의 토양에서 점차로 자기 자신을 위해서만 인생을 살아서는 안 된다는 예수님의 말씀에 대한 이해심이 자라나기 시작했습니다. 인생에서 좋은 것을 많이 누린 자는 그만큼 자신을 희생해야 한다는 것을 말입니다. 고통에서 보호를 받은 자는 다른 사람의 고통을 덜어주기 위해 나서야 할 소명을 느껴야 합니다. 우리 모두는 이 세상을 짓누르는 고통의 짐을 나누어 져야 합니다.

이러한 생각은 처음에는 다소 막연하게 그리고 혼란스런 모습으로 나의 인생에 자리를 잡아 갔습니다. 나는 때로 이러한 생각에서 잠시 벗어나 안도의 숨을 내쉬면서 내 인생의 주인은 나라는 생각에 빠지기도 했습니다. 그러면 저 멀리 지평선에서 작은 구름이 피어올랐습니다. 나는 한동안은 이러한 구름을 외면할 수 있었습니다. 하지만 구름은 서서히 자라나서 걷잡을 수 없게 되었고, 마침내 온 하늘을 뒤덮었습니다.

21살이 되던 해에 나는 중대한 결단을 하였습니다. 당시 나는 대학생이 되어 오순절 휴가를 보내던 중이었는데, 30살까지만 설교자의 직분, 학문, 음악에 헌신하며 살기로 결심했습니다. 그래서 내가 학문과 예술 분야에서 계획했던 정도의 성과를 이루게 되면, 이후에는 인류에 직접적으로 봉사할 수 있는 길을 가고자 하였습니다. 이러한 봉사의 길이 어떤 길이 될지는 도중에 정황에 따라 알게될 것이라고 생각했습니다.

처음부터 구체적으로 식민지 대륙으로 건너 가서 의료 봉사에 헌신하겠다고 결심한 것은 아니었습니다. 이러한 결심은 다른 형태의 봉사 계획을 열심히 세워보고 결국 여러 이유에서 포기한 이후에 생겨난 것입니다. 여러 상황이 복합적으로 얽혀서 나에게 아프리카의 수면병[21] 환자들과 나환자들을 돕는 길을 제시한 것입니다.

---

[21] 아프리카의 풍토병으로, 수면 장애와 심한 발열을 수반하며 치료가 늦을 경우 사망하기도 한다.

18살이 되던 해, 다시 말해 1893년 김나지움 졸업시험을 준비하고 있을 때에는 나중으로 미루어야 하는 일들에 대한 생각들이 내 마음에서 일어나는 것을 조금은 어렴풋하게 느꼈습니다. 우선은 가까운 장래에 하고 싶은 일들이 자신의 권리를 주장했습니다. 나는 대학 시절을 고대하였습니다. 나는 대담하게도 신학과 철학, 음악을 한꺼번에 전공하기로 마음먹었습니다. 나는 밤 늦게까지 공부할 수 있는 좋은 체력 덕분에 이러한 계획을 실행에 옮길 수 있었습니다. 그렇기는 해도 대학에서의 공부는 짐작했던 것보다는 훨씬 어려웠습니다.

나는 김나지움 졸업시험을 평균3점[22]으로 통과했는데, 예상보다는 좋지 않은 점수였습니다. 그것은 내가 시험을 보는 날 걸쳤던 바지 때문이었습니다.

나는 외가의 한 친척에게서 물려받은 검은 정장 상의는 한 벌 갖고 있었지만, 정작 시험칠 때 입어야 할 검은색 바지는 한 벌도 없었습니다. 나는 절약을 해야 하는 형편이어서 따로 바지를 만들지 말라고 하고는, 대신 루이즈 아저씨에게 시험 칠 때 입을 바지를 좀 빌려달라고 했습니다. 아저씨는 나보다 훨씬 키가 작고 살이 찐 편이었는데, 나는 당시 한창 자라는 때였고 마른 편이었습니다. 그러나 아저씨와 나는 한 번 정도는 바지를 그냥 입고 가도 괜찮을 거라 생각했습니다.

[22] 독일의 성적체계는 1-6점으로 나뉘며 3은 C학점에 해당한다.

유감스럽게도 나는 바지를 미리 한번 입어보지 않았습니다. 시험 당일 날 아침이 되어 바지를 입어 보니, 바지는 내가 줄을 대어 멜빵 부분을 더 길게 했는데도 불구하고 구두 윗부분에도 닿지 않았습니다. 한편 바지 허리춤에는 허옇게 속에 입은 옷이 삐져나왔습니다. 등부분에 바지가 어떻게 이상하게 걸쳐져 있었는지에 대해서는 설명하지 않겠습니다.

나와 함께 졸업시험을 보러 온 친구들은 나의 이러한 모습을 보고는 긴장이 풀려 웃음을 터뜨렸습니다. 나는 사방에서 나를 쳐다보는 눈길을 느꼈습니다. 시험에 임하는 학생들은 웃음을 참을 수 없어 엄숙하게 시험장에 입장하지 못했습니다. 책상 앞에 앉은 시험관들도 나의 바지를 보고는 웃음을 참지 못했습니다. 그런데 스트라스부르에서 파견된 '알브레히트'라는 이름의 엄격한 장학사는 졸업시험을 총괄하는 임무를 맡았는데, 도대체 무엇이 문제인지 영문을 몰라했습니다. 그는 다만 시험을 보는 데 어울리지 않게 들떠 있는 분위기가 만들어진 것이 나 때문이라는 것을 알아챘습니다. 그래서 전반적으로 분위기가 정숙하지 못한 것에 대해 그리고 특히 나에 대해 심하게 꾸짖었습니다. 그는 마치 익살꾼처럼 보이는 나의 오만한 태도를 꺾으려고 작심한 듯 자신이 아주 미숙한 수학 과목을 제외한 전 과목에 걸쳐 나를 직접 평가하겠다고 나섰습니다. 그는 어려운 질문들을 던져 나를 심하게 몰아세웠습니다. 나는 그나마 교장 선생님의 다정한 눈길에 고무되어 할 수 있는 최선의 대답을 하였습니다. 그러나 나는 이 엄격한 장학사 앞에서 어떤 질문들은 제대로 대답을 하지 못하였고, 장학사가 몇 번이나 머리를 가로젓는 일이 벌어졌습니다.

장학사는 특히 내가 호머의 작품에 기술된 배의 숙영지에 대해 정확히 대답하지 못하는 것에 대해 상당히 화가 나 있었습니다. 다른 학생들도 이 문제에 대해 나보다 많은 것을 알고 있지 못한 것을 보자, 장학사는 이를 간과할 수 없는 교양의 부족이라고 책망했습니다. 그러나 나는 우리가 천문학이나 지질학에 대해 아무것도 알지 못한 채 김나지움을 졸업하게 되는 것이 더 큰 교양의 공백이라고 여겼습니다.

마지막 시험 과목은 장학사의 전문 분야인 역사였습니다. 그런데 10분 정도 지나자 장학사의 태도가 확연히 변했습니다. 그의 분노는 봄날에 눈 녹듯이 사라졌습니다. 마지막에 가서 그는 나를 더 이상 테스트하려고 하지 않고, 그리스인들과 로마인들의 식민지 건설 계획에 어떤 차이가 있는지에 대해 나와 진지한 대화를 나누고자 하였습니다.

장학사는 시험 결과를 발표하고 나서 행한 마지막 연설에서 다시 한 번 역사 과목에서 나와 함께 의견을 나눌 수 있어서 기뻤다고 언급

했습니다. 그가 특별히 요청해 기록한 경미한 찬사는 아주 평범한 내 졸업시험 성적표를 조금이나마 장식해주었습니다. 이리하여 모든 것이 결국은 잘 끝났습니다.

김나지움을 졸업하면서 루이즈 아저씨와 조피 아주머니를 떠나게 된 것은 나에게는 아주 힘든 일이었습니다. 두 분은 그 후로 여러 해를 사셨고, 나는 그분들에게 내가 그들을 얼마나 사랑했는지 보여드릴 기회가 있었습니다. 아저씨가 연로하여 뮐하우젠에 있는 직장을 그만두면서 두 분은 스트라스부르로 이사했습니다. 두 분은 나중에 성 갈렌 교회의 공동묘지에 묻혔는데, 이곳에는 성 니콜라이 교회의 목사를 지낸 나의 외삼촌 쉴링거도 잠들어 있습니다.

청소년 시절을 돌이켜보면, 나는 참으로 많은 사람들에게 그들의 존재 그리고 그들이 내게 해 준 것에 대해 감사해야 한다는 생각이 듭니다. 그러면서도 내가 성장하는 동안에 실제로 감사하다는 말을 한 경우는 아주 드물었다는 사실에 마음이 우울해집니다. 그분들이 베푼 호의, 관대함이 내게 얼마나 소중한 것이었는지를 미처 전해드리지도 못했는데 그분들은 벌써 이 세상을 떠났습니다. 나는 가끔 이분들의 무덤을 찾아가 생전에 해야 했던 말들을 조용히 되뇌곤 합니다.

그러나 나는 배은망덕한 인간은 아니었다고 생각합니다. 나는 사람들의 호의와 관대함을 체험해도 이를 당연한 것으로 여기는 청소년 시절의 경솔함에서 늦지 않게 눈을 떴습니다. 다시 말해 세상의 고통에 대해 빨리 눈을 뜬 것과 같이 이에 대해서도 일찌감치 생각하기 시작하였습니다. 하지만 20살이 되기 전까지, 아니 20살이 넘어서까지도, 감사의 마음을 표현하도록 스스로를 제대로 독려하지는 못했습니다. 사람들이 실제로 감사하다는 말을 듣는 것이 얼마나 소중한지를 온전히 깨닫지 못했던 것입니다. 그것은 나의 수줍어하는 성격 탓이기도 했습니다.

스스로 이런 경험을 하기는 했지만, 나는 흔히 사람들이 생각하듯이 이 세상에 배은망덕한 일이 그렇게 많다고 보지는 않습니다. 성경에 나오는 열 명의 나병 환자에 관한 이야기를 읽으면서 나는 한 사람만 자신이 나음 받은 것에 대해 감사했다고 해석할 수 없었습니다. 열 명 모두가 나음 받은 것에 대해 감사했을 것이라고 생각합니다. 하지만 아홉 명은 먼저 집으로 달려가서 빨리 가족들을 만나고 그들이 어떻게 지내는지 보고 싶었을 것입니다. 그리고 나서 예수님께로 와서 감사함을 표시하려고 마음먹었을 것입니다. 물론 일은 그들이 뜻했던 대로 되지 않았습니다. 그들은 원래 예정했던 것보다 더 오래 집에 머물게 되었고, 그 사이에 예수님은 돌아가셨습니다. 그런데 나음을 받은 나병 환자 중 한 명은 자신이 마음에 느낀 것을 금방 행동으로 옮기는 은사를 가진 사람이었습니다. 그는 자신을 낫게 해준 분을 곧장 찾아 나섰고, 감사함을 표시함으로써 예수님에게 격려가 되었습니다.

그러므로 우리는 모두 즉각적이어야 하고, 감사함을 마음에만 담아두지 말고 표현할 수 있어야 합니다. 그렇게 되면 우리가 사는 이 세상에는 더 많은 햇빛이 비치고 선을 행할 수 있는 더 많은 힘이 생겨납니다. 다른 한편으로 우리 각자는 세상에서 배은망덕한 쓰라린 말을 듣게 되더라도 이를 자신의 세계관에 포용할 수 있는 넉넉함도 가져야 합니다. 지하에는 샘이 되어 지표로 솟아나지 않지만 많은 물이 흐르고 있습니다. 우리는 이러한 사실을 알고 위로를 받아야 합니다. 그렇지만 우리 자신은 샘이 되는 길을 찾아서 솟아나 다른 사람들의 감사함에 대한 갈증을 채워주는 물이 되어야 합니다.

나의 청소년 시절을 돌아볼 때 나를 감동시키는 또 한 가지가 있습니다. 그것은 많은 사람들이 자신들도 알지 못하는 가운데 내게 소중한 것을 주었고 소중한 존재가 되었다는 사실입니다. 내가 말 한마디 나누지 못한 사람들, 심지어 단지 이야기를 통해서만 아는 사람들조차 나에게 분명한 영향을 끼쳤습니다. 그들은 나의 인생에 들어왔고, 내 속에서 힘의 원천이 되었습니다. 보통 때에는 그렇게 확연하게 느끼지 못하고 그렇게 단호하게 실천하지 못했으리라고 여겨지는 일을 가끔은 느끼고 행동으로 옮길 수 있었던 것은 바로 그러한 사람들이 용기를 주었기에 가능했던 것입니다. 그렇기 때문에 우리 모두에게는 인생의 의미 있는 순간에 다른 사람들이 우리에게 준 소중한 것이 정신적인 자양분이 되고 있다는 생각이 듭니다. 인생에서 의미 있는 순간들은 예고를 하고 오는 것이 아니라, 예상치 못한 때에 찾아듭니다. 그리고 이러한 순간들은 특별한 모습으로 오는 것이 아니라 평범하게 나타나기도 합니다. 이러한 순간들은 때로는 추억을 되살릴 때 의미 있는 순간으로 다가오기도 합니다. 이는 마치 음악이나 풍경의 아름다움이 가끔은 우리의 추억 속에서 비로소 되살아나는 것과 같습니다. 우리가 인생에서 온유, 양선, 용서의 힘, 진실함, 신실함, 고통의 감수 등 많은 것을 얻었다면, 이는 크고 작은 사건에서 우리로 하여금 그러한 체험을 가능하게 했던 사람들 덕분입니다. 생명을 가진 사상이 마치 불꽃과 같이 우리 안에 들어와 점화시킨 것입니다.

나는 어떤 사람의 마음에 원래 존재하지도 않는 어떤 사상을 심을 수 있다고는 생각하지 않습니다. 보통은 사람들의 마음에 모든 선한 생각들이 점화를 기다리는 연료와 같이 잠재되어 있습니다. 그런데 이 연료 중 많은 것은 외부로부터 다른 사람에 의해 작은 불꽃이 건너와 점화할 때에야 비로소 점화되거나 제대로 타오릅니다. 때로는 우리 안에 있는 불꽃이 사그라들 때도 있지만, 다른 사람을 통해 소중한 체험을 함으로써 다시 피어나기도 합니다.

그러므로 우리들 각자는 자기 안에 선한 불꽃을 점화시킨 사람들을 깊은 감사함을 갖고 기억해야 합니다. 만약 우리에게 축복이 된 이러한 사람들이 우리 앞에 있고, 또 우리가 그들에게 어떻게 하여 그들이 자기에게 축복이 되었는지를 이야기해 줄 수 있다면, 아마도 그들은 자신들의 인생에서 우리 인생으로 넘어 온 소중한 것에 대해 놀라워할 것입니다.

그러므로 우리 중에서 누구도 자기가 어떤 일을 해내고 있으며 다른 사람에게 어떤 영향을 주고 있는지 제대로 알지 못합니다. 그것은 우리에게 감춰져 있으며, 또 감춰져 있는 것이어야 합니다. 우리는 가끔 이를 조금씩 경험함으로써 낙심에 빠지지 않을 수 있습니다. 우리 안에서 일어나는 이러한 힘의 활동은 신비한 것입니다.

사람들 사이의 관계는 우리가 스스로에게 인정하는 것보다 훨씬 더 신비한 것이 아닐까요? 우리 중에서 누구도 다른 사람을 정말로 알고 있다고 주장해서는 안 될 것입니다. 그 사람과 수년 동안 매일 함께 지냈다고 해도 마찬가지입니다. 우리는 우리 마음 깊은 곳에서 일어나는 것을 가장 가까운 사람에게조차 단지 일부만을 전할 수 있을 뿐입니다. 모든 것을 알려준다는 것은 불가능한 일이며, 우리가 알려준다고 해도 다른 사람이 그것을 다 이해하지 못할 것입니다. 우리는 누구도 다른 사람의 윤곽을 확실하게 파악하지 못하는 여명의 상태에서 서로 교제하고 있습니다. 다만 때때로, 우리가 삶을 함께하는 사람과 함께하는 체험을 통해 또는 대화 중에 건네진 한마디의 말을 통해 그 사람은 한순간 마치 번갯불이 환히 비칠 때처럼 우리 옆에서 모습을 보일 수 있습니다. 그 순간에 우리는 그가 어떤 사람인지를 잠시 보게 됩니다. 하지만 그 이후에는, 아마도 오랫동안, 우리는 다시 어두움 속에서 다시 서로의 길을 가면서 다른 사람의 윤곽을 떠올리려는 헛된 시도를 하게 됩니다.

우리는 우리들 각자가 서로에게 수수께끼와 같은 존재라는 사실을 받아들여야 합니다. 서로를 안다는 것은 다른 사람의 모든 것을 속 시원히 알게 된다는 것을 의미하는 것이 아니며, 서로에 대해 사랑과 신뢰 그리고 믿음을 갖는 것을 의미합니다. 우리는 다른 사람의 깊은 본질을 파고들려고 해서는 안 됩니다. 정신적으로 혼미한 사람이 제정신을 찾도록 하는 치료의 경우를 제외하고는, 다른 사람을 분석의 대상으로 삼는 것은 훌륭하지 못한 태도입니다. 우리가 유의해야 할 것으로 신체적인 수치심뿐 아니라 영혼의 수치심이라는 것이 있습니다. 우리의 영혼에도 발가벗겨서는 안 될 옷이 있습니다. 우리 중에 어떤 사람도 다른 사람에게 "우리가 서로 한편이 되었으니, 나는 당신의 모든 생각을 알 권리가 있다"고 말해서는 안 됩니다. 어머니조차 자신의 아이에 대해 그렇게 행동해서는 안 됩니다. 이런 식의 요구는 어리석으며, 해롭기까지 합니다. 다만 또 다른 베풂으로 이어질 수 있는 베풂의 행위가 소중합니다. 그저 당신의 정신적 본질에 속한 것을 인생의 동행자들에게 가능한 한 많이 내어주고, 아울러 그들이 당신에게 되돌려주는 것을 소중한 것으로 받아 들여야 합니다.

나는 다른 사람의 정신적 본질에 대해 외경의 마음을 갖는 것을 청소년 시절부터 당연한 것으로 여겨 왔는데, 이는 아마도 나의 유전적인 내성적 성격 탓으로 보입니다. 나중에 나는 이러한 생각에 대해 더욱 깊이 확신을 갖게 되었습니다. 왜냐하면 사람들이 마치 책을 읽듯이 다른 사람의 영혼을 들여다보겠다는 생각에, 다른 사람을 믿어야 할 때에 무엇을 캐내고 이해하려는 시도를 함으로써 많은 고통과 아픔, 소외가 생겨나는 것을 보았기 때문입니다. 우리 모두는 사랑하는 사람이 항상 자신의 마음 구석구석을 우리에게 내보이지 않는다고 해서 자기를 신뢰하지 않는다고 비난하지 않도록 조심해야 합니다. 사실 우리는 서로를 알면 알수록 서로에 대해 더욱 신비한 존재인 것입니다. 다른 사람의 정신적 본질에 대해 외경의 마음을 갖는 사람만이 다른 사람에게 정말 소중한 존재가 될 수 있습니다.

그러므로 나는 누구나 자신에게 자연스러운 정도를 넘어서서 다른 사람에게 자신의 내적인 삶을 털어 놓아야 한다는 부담을 가져서도 안 된다고 봅니다. 우리는 다른 사람들로 하여금 우리의 정신적 본질에 대해 막연히 깨닫도록 하는 것, 나아가 다른 사람들이 자신의 정신적 본질을 어렴풋이 자각하도록 하는 것 이상은 어떻게 할 수 없습니다. 정말 중요한 것은 우리의 영혼에 늘 빛이 있도록 노력하는 것입니다. 사람들은 서로의 이런 노력을 감지하게 될 것이며, 어떤 사람의 영혼에 빛이 있으면 그 빛은 그 사람에게서 흘러나옵니다. 그렇게 되면 우리는 어둠 속을 함께 나란히 걸어가면서 서로의 얼굴을 만져보지 않고 또 서로의 마음속으로 파고들어 가지 않아도 서로를 알게 되는 것입니다.

나는 청소년 시절부터 다른 사람의 영혼에 대해 외경의 마음을 갖는 것을 당연하게 여겼지만, 다른 한편으로 사람들과 일반적인 교제를 하는 경우에 어느 정도 자제를 해야 하는지 그리고 얼마만큼 마음에서 원하는 대로 상대에 대해 직접적으로 마음을 열어야 하는지 고민스러웠습니다. 나의 마음은 자제와 적극적 자세 사이에서 갈등했습니다. 김나지움을 졸업할 때까지는 자제가 우세하였습니다. 나는 내성적 성격으로 인해 다른 사람들에 대해 내가 느끼는 만큼 감정을 표현하지 못했고, 또 내 마음에서 우러나오는 정도로 다른 사람에게 봉사하고 도움을 주지 못했습니다. 나의 이러한 태도는 뮐하우젠에서 조피 아주머니의 훈육으로 더욱 강화되었습니다. 아주머니는 나에게 자제력을 갖는 것이 올바른 품행의 표본이라는 생각을 심어주었습니다. 나는 어떤 형태로든 "지나치게 나서는 것"은 가장 큰 실수를 하는 것으로 여기도록 교육받았고, 이러한 기준에 맞게 행동하려고 노력했습니다. 그런데 세월이 흐르면서 나는 자제와 올바른 품행이라는 규범에서 어느 정도 해방될 수 있었습니다. 자제라는 규범은 점차로 음악에 있어 화성和聲의 법칙 같은 것으로 여겨졌는데, 화성의 법칙은 일반적으로 타당한 법칙이기는 하지만 때로는 생명력이 넘치는 음악의 물결에 휩싸여 버립니다. 우리가 사람들과 교류할 때 보통 바른 예절로 요구되는 이 자제의 규범에만 얽매인다면, 우리가 선을 행할 수 있는 기회를 얼마나 많이 놓치게 될 것인가 하는 생각을 점차 하게 되었습니다.

물론 우리는 다른 사람에 대해 지나치게 주도적인 자세를 보이거나 원하지 않는데도 다른 사람의 문제에 개입하지 않도록 조심해야 합니다. 그렇지만 동시에 일상적인 삶의 규범으로 요구되는 자제의 행동에 내재된 위험도 의식할 수 있어야 합니다. 우리는 모르는 사람에게 절대적인 타자他者로서만 존재하려 해서는 안 됩니다. 어떤 사람도 다른 사람에 대하여 계속해서 완전한 타자로 머물지 않습니다. 사람은 서로 관계를 맺고 있는 존재입니다. 사람이란 서로에 대해 권리를 갖고 있습니다. 언제라도 우리가 일상적 삶에서 스스로에게 부과하는 타자에 대한 생소함을 극복하고 서로에 대해 인간 대 인간으로서 관계를 맺게 해주는 크고 작은 일들이 생겨날 수 있습니다. 자제라는 규범은 따스한 온정의 법에 의해 무너져야 할 운명을 가진 것입니다. 이렇게 되면 우리는 모두 서로를 타자로 생각하는 서먹서먹함에서 벗어나 다른 한 사람에게 인간이라는 존재가 될 수 있습니다. 하지만 바른 행실, 예절, 배려하는 마음 등 통상적 규범들이 우리에게서 진심에서 우러나오는 솔직한 행동을 앗아가기 때문에 우리는 그러한 기회를 놓치는 경우가 많습니다. 그렇게 되면 우리는 다른 사람에게 주고 싶은 것 그리고 상대방이 간절히 원하는 것을 주지 못하게 됩니다. 우리가 진심에서 우러나오는 대로 다른 사람에게 우리 자신을 내어주지 못하기 때문에 사람들 사이에는 냉담함만이 남습니다.

나는 청소년 시절에 사회에서 통용되는 규범들을 존중하면서도 자신에게 진실한 자세를 가지고 있었던 몇 사람을 만나는 행운을 누렸습니다. 그 사람들이 그렇게 함으로써 다른 사람들에게 얼마나 소중한 것을 주는지 보면서, 나 자신도 마음에서 우러나오는 대로 자연스럽고 진심 어린 행동을 할 수 있는 용기를 갖게 되었습니다. 이렇게 행동하면서 얻은 소중한 체험들은 내가 다시 냉담한 자제의 규범으로 되돌아가는 것을 허용하지 않았습니다. 이제 나는 가능하면 마음에서 우러나오는 예의를 사회에서 통용되는 예절과 조화시키고자 노력합니다. 내가 항상 그렇게 잘 행동하고 있는지는 알 수 없습니다. 음악에서 어느 시점에서 전승되어온 화성의 법칙을 준수해야 하며 어느 때에 모든 법칙을 초월하는 음악의 정신을 따라야 하는지 규칙을 정할 수 없는 것과 마찬가지로 특별한 규칙을 정하기는 어렵습니다. 하지만 나는 정말 진심에서 우러나와 심사숙고해서 행동을 하는 경우에는 기존의 통용되는 행동 규범을 벗어난다 하더라도 다른 사람들로부터 생각 없이 무례하게 나선다고 비판받는 경우는 아주 드물다는 것을 체험할 수 있었습니다.

한 사람의 본질과 인생을 결정하는 사상들은 그 사람 안에 신비한 방식으로 주어져 있습니다. 이러한 사상들은 어린 시절을 거치면서 그 사람 속에서 꽃봉오리를 맺기 시작합니다. 그 사람이 청소년이 되어 진실하고 선한 것에 대한 열정에 사로잡히게 되면, 꽃으로 피어나고 열매를 맺기 시작합니다. 이후 계속되는 성장과정에서는 인생이라는 나무가 청춘의 시기에 맺기 시작한 열매들이 얼마나 잘 성숙되는가 하는 것이 중요합니다.

우리가 청소년 시절에 생각하고 느꼈던 것처럼 인생을 살아가고자 노력해야 한다는 신념은 내가 인생을 살아가는 동안에 충실한 조언자

랑바레네에서

가 되었습니다. 나는 사람들이 흔히 "성숙한 사람", 즉 성인成人이라고 여기는 존재가 되는 것에 대해 본능적으로 거부감을 느꼈습니다.

"성숙한"이라는 표현은 예전이나 지금이나 나에게는 무엇인가 좋지 않은 느낌을 줍니다. 이 말을 들으면 음악에서의 불협화음처럼 이상의 빈곤화, 기형적 상태, 감수성 상실이라는 단어가 함께 연상됩니다. 우리가 보통 한 사람에게서 성숙한 면이라고 보는 것은 실제로는 쉽게 체념해버리는 합리성입니다. 사람은 다른 사람들의 모범을 통해 얻게 된, 한때 청소년 시절에 소중했던 사상과 확신을 하나씩 포기하는 대가로 이러한 합리성을 얻게 됩니다. 즉 그는 이전에는 진리의 승리를 확신했으나, 이제는 그렇지 않습니다. 이전에는 사람에 대한 신뢰를 가졌으나, 지금은 그렇지 않습니다. 이전에는 선한 것을 믿었지만, 지금은 그렇지 않습니다. 이전에는 선과 평화의 힘을 신뢰했으나, 지금은 그렇지 않습니다. 이전에는 감동할 줄 알았으나, 지금은 그렇지 않습니다. 다시 말해 인생의 험로와 폭풍우를 헤쳐 나가고자 자신의 배를 가볍게 만든 것입니다. 꼭 필요하지 않다고 생각하는 물건은 다 내던져 버린 것입니다. 그런데 그가 내던져 버린 것은 그가 반드시 먹고 마셔야 하는 정신적인 양식과 음료입니다. 이제 그 사람은 인생이라는 배를 가볍게 저어갈 수 있게 되었지만 배고픔과 갈증에 시달려 초췌해진 사람이 되었습니다.

나는 청소년 시절에 어른들이 나의 마음에 우울한 비애를 느끼게 하는 대화들을 나누는 것을 들은 적이 있습니다. 그들은 청소년 시절에 가졌던 이상과 열정의 능력은 인생을 살면서 꼭 붙들어야 하는 소중한 것이었는데 그러지 못했다고 회고했습니다. 다른 한편으로 그들은 인생이 그렇게 흘러가는 것은 어쩔 수 없는 일종의 자연법칙과 같은 것이라고 여겼습니다.

그때 나는 나도 언젠가 저렇게 비애에 젖어 자신을 되돌아보게 되지 않을까 두려웠습니다. 나는 이렇게 비극적으로 성숙해지는 것에 굴복하지 않겠노라고 결심했습니다. 나는 사내아이다운 반항심에서 자신에게 맹세한 것이지만, 이를 실천하고자 노력했습니다.

일반적으로 어른들은 현재 청소년들의 영혼과 마음을 고무시키는 것들의 대부분이 언젠가는 환상으로 간주될 것이라는 점에 대해 청소년들의 마음을 준비시키는 서글픈 역할을 기꺼이 떠맡고자 합니다. 하지만 보다 깊이 인생을 체험한 사람은 미숙한 청소년들에게 다르게 말해 줍니다. 보다 깊이 인생을 체험한 사람은 청소년들에게 그들을 감동케 했던 사상들을 일생 동안 확고히 견지하라고 충고합니다. 사람은 청소년의 이상에서 진리를 보게 됩니다. 사람은 청소년의 이상에서 무엇과도 바꿀 수 없는 부요함을 발견합니다.

우리 모두는 삶이라는 현실이 우리에게서 선한 것과 참된 것에 대한 믿음, 이에 대한 열정을 앗아가려 한다는 사실에 대비해 마음의 준비를 하고 있어야 합니다. 하지만 이상을 희생할 필요는 없습니다. 이상이라는 것이 현실과 부딪히면서 흔히 실제의 현실에 눌리게 되는 것은, 이상이 처음부터 현실에 굴복해야 함을 의미하는 것이 아니라 우리의 이상이 충분히 강렬하지 못하다는 것을 의미합니다. 이상이 충분히 강렬하지 못하다는 것은, 그 이상이 순수하고 강렬한 형태로 우리 안에 변함없이 머물고 있지 않기 때문입니다.

이상의 힘은 예측할 수 없는 것입니다. 하나의 물방울은 그 자체로는 아무런 힘도 없습니다. 그러나 그 물방울이 바위 틈에 스며들고 얼음으로 변하게 되면 그 물방울은 바위를 쪼개는 힘을 발휘합니다. 그리고 물방울은 증기가 되어 강력한 기관의 피스톤을 움직이기도 합니다. 이런 경우는 바로 그 물방울에 잠재되어 있는 힘이 발휘되도록 변화가 일어난 것입니다.

이상도 이와 같습니다. 이상이라는 것은 일종의 사상입니다. 이러한 이상들은 아무리 큰 열정과 확신 속에서 생겨난 것이라고 해도 머리 속에서 생각으로만 머문다면 그 속에 잠재하는 힘은 아무런 효력을 발휘하지 못합니다. 그러나 이상이 한 정화된 인간의 영혼과 결합되면, 잠재되어 있는 놀라운 힘을 발휘합니다. 따라서 우리가 정말 도달해야 할 성숙함은, 더욱 소박해지고, 더욱 진실해지고, 더욱 순수해지고, 더욱 화평을 추구하고, 더욱 온유하며, 더욱 선한 마음과 동정의 마음을 갖고자 부단히 노력하는 것입니다. 이러한 성숙함으로 나아가는 것이 아니라면, 냉철해져야 한다는 요구에 굴복해서는 안 됩니다. 이러한 성숙함을 가질 때 아직 가공되지 않은 연철軟鐵과 같은 청소년기의 이상은 성인이 된 후에도 소멸되지 않는 강철과 같은 삶의 이상으로 변합니다.

우리가 가져야 할 위대한 식견은, 살아가면서 겪게 되는 실망들을 잘 소화해 내는 것입니다. 모든 현실은 정신적인 힘의 소산입니다. 성공적인 현실은 충분히 강한 힘의 소산이며, 성공적이지 못한 현실은 충분히 강하지 못한 힘의 소산입니다. 내가 취하는 사랑의 태도가 아무런 힘을 발휘하지 못한다면, 그것은 바로 내 안에 사랑이 너무 적기 때문입니다. 나는 주변에서 일어나는 진실하지 못한 것과 거짓에 대해 무력한 모습을 보이고 있습니다. 그것은 내 스스로 아직 충분히 진실하지 못하기 때문입니다. 나는 증오와 악의가 계속해서 활개치는 비극적인 현실을 그냥 보고만 있어야 합니다. 이는 내가 아직도 편협함과 질시를 완전히 청산하지 못했음을 의미합니다. 나의 평화 애호는 오해를 받고 조롱을 당하고 있습니다. 이는 내 속에 아직도 화평케 하는 정신이 충만하지 못하다는 것을 뜻합니다.

삶의 위대한 비밀은 소진되지 않은 사람으로서 인생을 헤쳐가는 데 있습니다. 사람들과 현실만을 고려하려 들지 않고, 모든 체험에서 본연의 자신에게로 돌아가며, 외부에서가 아니라 자신 안에서 사물의 궁극적 동기를 찾는 사람은 이러한 인생을 살 수 있습니다.

자신의 정화를 위해 꾸준히 노력하는 사람에게서는 그 무엇도 이상을 앗아갈 수 없습니다. 그는 참된 것과 선한 것의 이상이 갖는 힘을 자신 안에서 체험합니다. 그는 세상에서 자신의 이상을 실현하려는 노력이 별다른 결실을 거두지 못할지라도, 자신 안에서 정화가 이루어진 만큼 영향력을 발휘하고 있음을 알고 있습니다. 아직은 성공이 나타나지 않았거나, 그의 눈에 보이지 않을 뿐입니다. 힘이 있는 곳에는 반드시 그 힘의 작용이 있습니다. 햇볕은 아무런 작용도 하지 않은 채 없어지지 않습니다. 그렇지만 햇볕이 일깨우는 식물은 발아하고 성장하기까지는 시간을 필요로 하며, 또 씨를 뿌리는 사람이 반드시 수확까지 다 맛보는 것은 아닙니다. 모든 가치 있는 활동은 믿음을 바탕으로 한 행동입니다.

따라서 우리 성인들이 청소년에게 전해주어야 할 인생의 지혜는 "현실이 곧 너희들이 품은 이상을 잠식할 것이다"가 아니라 "인생이 너희가 품은 이상을 앗아가지 않도록 이상과 하나가 되라"가 되어야 할 것입니다.

우리 모두가 14살 때 가졌던 이상을 품고 살아간다면, 이 세상은 완전히 다른 모습이 되어 있을 것입니다.

청소년 시절의 이상과 감정에 충실하고자 노력하는 이들 가운데 한 사람으로서 나는 삶의 현실과 경험들을 통해 선한 것과 참된 것에 대한 믿음을 지켜 나가려고 노력했습니다. 폭력이 거짓의 가면을 쓰고 무서울 정도의 기세로 세상을 지배하는 지금도 나는 진리, 사랑, 화평케 하는 것, 온유, 박애의 정신은 모든 폭력을 초월하는 강력한 힘이라고 확신합니다. 충분히 많은 사람들이 사랑, 진리, 화평케 하는 정신, 온유의 정신을 순수하고 강렬하게 계속 생각하고 이러한 정신에 따라 살아간다면 세상은 그렇게 변할 것입니다.

보통 우리가 경험하는 폭력은 스스로를 제약합니다. 왜냐하면 이러한 폭력은 조만간에 그에 버금가거나 보다 우세한 반대의 폭력을 낳기 때문입니다. 하지만 박애는 단순하며 계속해서 역사하는 힘이 있습니다. 박애는 그것을 제약하는 긴장을 불러일으키지 않습니다. 박애는 현존하는 긴장을 해소해주고, 불신과 오해를 불식시키며, 선한 것을 유도함으로써 스스로 더욱 강화됩니다. 그러므로 박애는 가장 합리적이고 가장 강력한 힘입니다.

이 세상에서 박애를 실천하는 사람은 다른 사람의 마음과 사고에 영향을 끼치는 것입니다. 하지만 우리는 어리석게도 박애를 진지하게 실천해보고자 하지 않습니다. 우리는 힘을 수백 배로 극대화할 수 있는 지렛대를 사용하지 않고서 엄청난 무게의 짐을 옮기려고 시도합니다.

　예수님은 "온유한 자는 복이 있나니 저희가 땅을 기업으로 받을 것임이요"라고 놀라운 말씀을 하셨습니다. 이 말씀에는 정말 깊은 진리가 담겨 있습니다.

슈바이처 박사 연표

1875년 1월 14일 알자스 고지대 카이저스베르크에서
목사인 아버지 루트비히 슈바이처1846-1925와
어머니 아델레 슈바이처원래 성은 쉴링거: 1841-1916 사이에서 맏아들로 태어남.
위로 누이 루이제1873-1927가 있고, 아래로 두 여동생 아델레1876-1969와
마르게리테1877-1959 그리고 막내 남동생 파울1882-1967이 있음.
슈바이처 집안의 조상 중 알려진 첫 인물로는 17세기에 등장하는
요한 슈바이처로 독일 마인 강변의 프랑크푸르트에 살았는데,
아들 요한 니콜라우스는 '30년전쟁' 1618-1648년 사이에 유럽 전역에서
가톨릭과 개신교 사이에서 벌어진 종교전쟁—옮긴이 이후 알자스 지방으로 이주했으며,
이후 슈바이처 가문은 알자스에 정착하게 됨.

1880-1884 귄스바흐에서 마을 초등학교를 다님.
1884-1885 알자스 지방의 뮌스터에서 잠시 '실업학교'를 다님.

1885-1893	뮐하우젠에서 '김나지움'을 다니면서,
	오이겐 뮌히에게서 피아노와 오르간을 사사.
	1893년 6월 18일 김나지움 졸업.
1893	10월에 스트라스부르 대학에서 신학과 철학 공부 시작.
	파리에서 샤를-마리-위도어에게서 오르간을 사사.
1894-1895	스트라스부르 주둔 143 보병연대에서 군복무.
1896	성령강림절(오순절) : 30살이 되면 인류에 봉사하는 일을 하겠다고 결심.
1898	5월 6일 : 제1차 신학시험을 치르고 교육담당 견습목사가 됨.
1898-1899	겨울학기에 파리에서 철학과 음악을 수학하고 칸트에 관한 논문 집필.
1899	여름학기에 베를린에서 철학을 공부하고, 8월 2일에 철학박사 학위를 받음.
1900	7월 15일 : 제2차 신학시험 후 7월 21일 성만찬 문제를 다룬 논문과 시험으로 신학박사 학위를 받음.
	같은 해 11월 14일 성 니콜라이 교회에 부목사로 취임.
1902	3월 1일 : 스트라스부르 대학 기독교 신학부에서 〈메시아와 수난의 비밀〉에 관한 논문으로 교수 자격 취득.
1904	가을 : 아프리카 콩고 지역 선교의 곤경에 관한 호소를 듣고

	박애 활동에 헌신하기로 결심.
1905	『음악가이자 시인으로서의 바흐』집필.
	10월 13일 아프리카 밀림에서 봉사하는 의사가 되겠다는
	결심을 밝히고 의학공부 시작.
1906	『독일과 프랑스의 오르간 제작법』,
	『라이마루스에서 브레데까지』 발표.
1908	5월 14일: 의대 예과 졸업시험 합격. 『바흐』 집필.
1909	『오르간 제작에 관한 국제규범』 발표 (F.X. 마티아스와 공저).
1910	12월 3일: 의사 국가고시 합격.
1911-1912	견습의사. 『바울 연구의 역사』 발표.
1912	2월 11일: 의사면허 취득. 동년 봄 설교자의 직분 포기,
	6월 18일 헬레네 브레슬라우(1879년 1월 25일 베를린에서 출생)와
	결혼. 12월 14일 탁월한 학문적 능력을 인정받아 황실에서
	파견된 총독으로부터 교수로 임명.
1913	3월: 〈예수에 대한 자연요법적 평가〉에 관한 논문으로
	의학박사 학위 취득.
	『예수 생애 연구사』 집필 완료.
	3월 21일 아내 헬레네와 함께 귄스바흐를 떠나 아프리카로 출발.
	4월 4일 휴직에 대해 대학측에서 거부 입장을 보이자

	대학교수직을 공식적으로 포기.
	4월 16일 프랑스령 가봉에 있는 랑바레네에 도착.
1913-1917	아프리카에서 4년간 체류하며 첫 번째 의료 봉사를 펼침.
1915	9월: 〈생명에의 외경〉의 사상을 발견.『문화철학』집필에 몰두.
1916	7월 3일: 74세의 어머니가 군마軍馬에 치여 중상을 입고 별세.
1917	9월: 병에 걸려 유럽으로 후송, 보르도에서 병원에 격리 수용됨. 이질에 걸린 것으로 판명.
1917-1918	약 일 년간 가레송(피레네)과 생 레미(프로방스)에 격리 수용됨.
1918	7월: 알자스로 귀향, 9월 1일 슈톨츠 교수의 집도 아래 맹장수술을 받은 후 성 니콜라이 교회에서 다시 부목사 직무를 시작하고 한 양로원 피부과 병원에서 보조 의사로 활동.
1919	1월 14일: 딸 레나 출생. 그해 2월 〈생명에의 외경〉에 대해 두 차례에 걸쳐 설교, 여름에 두 번째 수술을 받음. 10월 스페인 바르셀로나에서 전후 최초의 오르간 연주회를 가짐. 12월 스웨덴의 쇠데르블롬 대주교로부터 웁살라 대학에서의 강의 요청을 받음.
1920	여름에 스웨덴을 방문하여 강의, 강연을 하고 오르간 연주회를 가짐. 이러한 활동을 통해 그동안의 빚을 청산하고 랑바레네에서의 의료 봉사를 계속하기로 결심.

	아프리카에서의 생활을 회고한 『물과 원시림 사이에서』 발표.
1921	4월: 스트라스부르에서의 목사일과 병원일을 포기하고 자유로운 저작 활동과 예술 활동에 집중.
1921-22	스위스(3회), 스웨덴(2회), 영국, 덴마크에서 연주회 및 강연 여행. 귄스바흐에서 『문화철학』 집필.
1922	1월: 체코 프라하 대학에서 문화철학 강의. 『문화의 몰락과 재건』, 『문화와 윤리』, 『기독교와 세계종교』 집필. 쾨니히스펠트/슈바르츠발트에 아내 헬레네와 딸 레나를 위한 집을 건축. 가을에는 스트라스부르에서 조산과 치의학 과정, 함부르크에서 열대지방의학 과정 수료.
1924	『나의 어린 시절』 집필. 2월 21일 아내 헬레네를 남겨두고 혼자서 두 번째로 아프리카를 향해 출발.
1925	5월 5일: 아버지가 79세의 나이로 별세. 7월 18일 알자스 출신의 마틸데 코트만이 슈바이처가 세운 병원에 첫 간호사로 오고, 10월 19일 알자스 출신의 빅토르 네스만이 첫 의사로 도착. 가을에 더 큰 규모의 병원 개원을 위한 작업에 착수.

1927	1월 21일: 새로운 야전병원으로 이사.
	7월 21일 유럽으로 다시 돌아옴.
1927-1929	스웨덴, 덴마크, 네덜란드, 스위스, 독일, 체코를 돌면서 연주회와 강연회 개최. 런던에서는 음반 녹음 작업을 함.
1928	8월 28일: 독일 프랑크푸르트시에서 수여하는 '괴테상'을 수상하고 괴테에 관한 첫 연설을 함.
1929	9월: 독일에서 처음으로 후원회가 결성되기 시작.
	귄스바흐에 있는 집 완성.
1930-1931	랑바레네에서 세 번째로 2년간에 걸친 의료 활동 시작. 아내는 1930년 부활절에 건강상의 이유로 다시 유럽으로 돌아옴.
1930	라이프치히 대학 신학부의 교수직 제의 거절.
	『사도 바울의 신비주의』 출간.
1931	『나의 생애와 사상』 출간.
1932	3월 22일: 프랑크푸르트에서 괴테 서거 100주년 기념 연설을 함. 7월 9일 울름에서 〈사상가이자 인간으로서의 괴테〉에 관해 강연. 이어 독일, 네덜란드, 영국을 순회하며 연주회와 강연에 나섬.
1933-1934	4월: 다시 아프리카로 가서 네 번째 의료 활동 시작.
1934	10월-11월: 영국 옥스포드와 에딘버러에서 종교철학 강의.

1935	2월-8월: 랑바레네에서 다섯 번째 의료 활동. 8월 에딘버러에서 종교철학 강의, 12월 런던에서 음반 녹음. 『인도 사상가들의 세계관』 발표.
1936	10월: 스트라스부르에서 음반 녹음.
1937-1939	여섯 번째로 랑바레네로 가서 의료 봉사 활동을 펼침.
1938	『아프리카의 역사』 발표
1939	전운이 감도는 상황에서 알자스에 12일간 머물면서 중요한 사안들을 정리.
1939-1948	일곱 번째로 아프리카로 건너가 9년 반에 걸쳐 의료 활동을 펼침.
1940	10/11: 프랑스의 드골 군대와 비시 정부 군대 간에 랑베레네를 차지하기 위한 전투가 있었으나 양측이 슈바이처 박사가 세운 병원은 보호하기로 합의.
1941	8월 2일: 아내 헬레네가 앙골라를 통과하는 힘든 여정을 거쳐 도착, 1946년 9월까지 함께 활동.
1942	미국에서 의약품 등 첫 구호물품 지원.
1948	10월 24일: 프랑스 보르도에 도착.
1949	7월 8일: 콜로라도주 아스펜에서 괴테 탄생 200주년 기념 연설. 『괴테, 인간과 작품』 발표.

1949-1951	랑바레네에서 제8차 아프리카 의료 활동 시작. 아내 헬레네는 1950년 6월까지 함께 생활.
1950	『괴테에 관한 4개의 연설』과 『펠리칸이 자신의 삶을 이야기하다』 발표.
1951	9월 16일: 프랑크푸르트 바울 교회에서 독일서적상이 제정한 '평화상' 수상. 10월-11월 스웨덴 방문.
1951-1952	12월부터 8개월간 랑바레네에서 아홉 번째로 의료 활동을 펼침.
1952	9월: 귄스바흐에서 음반 녹음. 9월 30일: 파라첼수스 메달(의학분야에서의 첫 영예) 수상. 12월 20일: 윤리와 정치학 아카데미에서 페탱의 후임자로 임명되어 〈인간의 사고가 고도로 발전하는 데 따른 윤리의 문제〉에 대해 강연.
1952-1954	12월부터 랑바레네로 가서 6개월간 제10차 아프리카 의료 활동을 펼침
1953	5월: 랑바레네 병원 바로 옆에 나환자촌 건립 작업 시작. 10월 노벨평화상 수상자로 선정. 상금은 모두 나환자촌 건설에 쓰여짐.
1954	7월 28-29일: 스트라스부르 성토마스 교회에서 바흐 기념 연주회 개최. 이는 오르간 연주자로서의 마지막 공식 연주회.

	11월 4일 아내 헬레네와 함께 오슬로에서 열린 노벨평화상 시상식에 참석.
	노벨상 수상 연설문 〈현 세계의 평화문제〉 발표.
1954-1955	12월 다시 아내 헬레네와 랑바레네로 가서 8개월간에 걸친 제11차 아프리카 의료 활동을 펼침.
1955	5월: 나환자촌 완공. 가을에 영국, 파리, 독일, 스위스 방문. 11월 11일 독일 본에서 평화훈장 수상.
1956-1957	1월부터 다시 아내와 함께 일 년 반에 걸친 제12차 아프리카 의료 활동을 펼침.
1956-1961	일본에서 슈바이처 박사 전집(총19권)이 최초로 출간.
1957	4월 23일: 오슬로 라디오방송을 통해 핵실험의 위험을 경고하는 호소문 발표.
	5월 22일 아내 헬레네가 랑바레네에서 유럽으로 돌아온 후 6월 1일 78세의 나이로 취리히에서 별세.
	슈바이처 박사는 여름부터 유럽에 체류하는 동안 오른쪽 손바닥 뼈가 부러져 심한 장애를 겪음.
1957-1959	1957년 12월 다시 랑바레네로 돌아가 1959년 8월까지 약 2년간에 걸친 제13차 아프리카 의료 활동을 펼침.
1958	1월 25일: 아내의 무덤에 직접 묘비명을 새긴

	하얀 돌십자가를 설치. 4월 28일, 29일, 30일 3차례에 걸쳐 오슬로 라디오방송에 출연하여 핵전쟁 반대 호소. 『평화냐 핵전쟁이냐』 출간.
1959	10월: 코펜하겐에서 조닝Sonning상을 수상하고 마지막으로 독일을 방문. 11월 3주간 동안 파리에 머물면서 브뤼셀과 로테르담을 방문. 12월 9일 84세의 나이로 다시 아프리카로 출발. 이후 슈바이처 박사는 유럽을 다시 여행하고자 계획하였으나, 뜻대로 되지 않아 결국 유럽과의 마지막 이별이 됨.
1960	7월 23일: 새로 독립한 가봉공화국이 슈바이처 박사 초상이 들어간 첫 우표를 발행하여 슈바이처 박사를 기념.
1963	4월 18일: 아프리카 의료 활동 50주년 기념식이 열림.
1965	1월 14일: 90회 생일을 맞아 전 세계에서 축하객들이 슈바이처 박사를 방문. 봄과 여름에는 병원을 확장하고, 편지를 쓰며, 『바흐의 오르간을 위한 전주곡과 푸가』의 개정판 집필 완료. 8월 27일 '내 건강은 괜찮다'면서 마지막 편지를 쓴 후, 점차 쇠약해져서, 9월 4일 밤에 별세.

역자 후기

알베르트 슈바이처 박사는 현대에 박애의 정신을 몸소 실천하여 널리 귀감이 되는 분이다. 그는 철학자, 신학자로서 학문적인 기여를 하고 바흐 연구가요 오르간 연주자로서도 명성이 높았지만, 무엇보다 의사가 없어 고통당하고 죽어가는 아프리카인들을 위한 의료봉사 활동을 통해 많은 생명을 구하는 삶을 살아 세인들의 존경을 받았다. 그런데 고난과 희생이 동반되는 이러한 숭고한 삶은 어떻게 가능했던 것일까?

슈바이처 박사가 마흔 살의 나이에 자신의 유년 시절과 청소년 시절을 돌아 보면서 집필한 『나의 어린 시절』은 어떻게 한 인간이 위대한 인물로 성장하여 가치 있는 인생을 살아갈 수 있게 되는지를 엿보게 해준다.

슈바이처 박사는 자녀가 다섯인 시골목사 가정에서 장남으로 태어나 행복한 어린 시절을 보냈다. 그는 무엇보다 자연과 종교적 체험을 통해 마음이 순수한 아이로 자라났다. 이러한 순수한 마음으로 인해 그는 자신의 행복한 삶과 주변 사람들의 사랑에 감사할 줄 알고, 친구들을 비롯해 다른 사람과의 만남을 소중한 자양분으로 삼을 줄 알았으며, 나아가 각 사람은 물론 모든 생명체를 귀하게 여기고, 세상에 존재하는 많은 고통에 대해서도 깊이 인식하게 되었다.

그런데 그가 위대한 인생을 살 수 있었던 것은, 바로 이러한 어린 시절의 체험에서 생겨난 참된 것과 선한 것에 대한 믿음과 열정을 각박한 현실에서도 잃지 않고 소중히 키워나갔던 데 있다. 그는 이러한 열정으로 인해 인류에 직접 봉사하는 길을 가고자 결단했고, 전쟁과 파괴의 참혹한 시대를 살면서도 낙후된 아프리카 대륙으로 건너가 평생 동안 생명에 대한 외경을 실천하면서 자신이 어린 시절에 가졌던 이상이 많은 열매를 맺는 위대한 삶을 살 수 있었다.

어린 시절은 누구에게나 고운 꿈, 순수한 이상이 자라나는 시절이다. 아울러 삶에서 실망과 아픔도 체득하면서 인생의 가치관을 형성해 나가는 시기이기도 하다. 그런데 우리는 많은 경우 선한 것, 참된 것을 추구하지만, 우리 속에 있는 이러한 아름다운 이상과 열정이 끝까지 자라나서 많은 열매를 맺기는 쉽지 않다는 것을 알게 된다. 특히 우리가 살아가는 현대는 문명의 발달로 삶은 더욱 편리해진 반면에 가정과 사회는 심한 생존경쟁으로 내몰리고 있다. 이러한 현실에서 자라나는 아이들은 아름다운 이상과 열정을 갖고 성장하기보다는 일찍부터 성숙한 어른으로 자라도록 강요받기 쉽다. 그런 만큼 오늘날 자라나는 세대가 더욱 순수한 꿈을 품고 이상을 키워나가는 열정을 갖는 것은 무엇보다 소중하다. 아울러 슈바이처 박사는 참된 것과 선한 것을 추구하는 이러한 심성이 모든 사람에게 내재하고 있다고 믿고 있다.

    아무쪼록 이 작은 책자가 자라나는 세대는 물론 자라나는 세대를 양육할 책임이 있는 기성 세대의 독자들에게도 잔잔한 감동을 주어 각박한 현실에서도 소중한 꿈을 키워서 아름다운 열매를 맺는 인생을 사는 데 격려가 되었으면 하는 바람이다.

옮긴이 권혁준은 서울대학교 독문과를 졸업하고 동 대학원에서 석사 및 박사학위를 받았다. 독일로 건너가 여러 해 동안 대학생들을 위해 평신도 선교사로 활동하였으며 독일 쾰른대학에서 독문학, 영문학, 철학을 전공하였고, 동 대학에서 카프카에 관한 논문으로 독문학 박사 학위를 받았다. 번역서로는 스웨덴의 추리작가 헤닝 만켈의 『다섯번째 여자』를 비롯한 일련의 소설, 독일 프랑크푸르터 알게마이네 차이퉁 지 한국 특파원 안네 슈네펜의 기사를 모은 『안네 슈네펜의 한국일기』 그리고 독일 출신 생명공학자 마크 베네케의 『노화와 생명의 수수께끼』 등이 있다.

나의 어린 시절

2006년 8월 25일 초판 1쇄 인쇄
2006년 9월 5일 초판 1쇄 발행

지은이 · 알베르트 슈바이처
옮긴이 · 권혁준

펴낸곳 · 정원출판사
주소 · 서울시 마포구 아현1동 373 - 3
      현대빌딩 3층
전화 · 02-3147-1478
팩시밀리 · 02-392-1721
E-mail · rserkin@hanmail.net
등록번호 · 215-91-28568

ISBN 89-956988-1-0-03820
값 7,500원